おとぎ話と神話に隠された

古代史の真実

関裕二

笠間書院

はじめに

子どものころに伝え聞いたおとぎ話は牧歌的だったが、それは現代人がおとぎ話の「凄《すご》み」を見落としているからで、裏側には、「敗れた者たちの恨みつらみ」が籠《こ》められている。だから、おとぎ話の深層をのぞき見るだけで、歴史の謎解きは前進する。

不思議なことに、おとぎ話は『日本書紀』や『古事記』の記事とよく似ている。たとえば、『日本書紀』や『古事記』の中に、かぐや姫や浦島太郎《うらしまたろう》の「そっくりさん」が登場する。そして、そのそっくりさんたちは、神話や歴史の中で、キーマンとなって活躍している。

海幸山幸《うみさちやまさち》神話では、籠《かご》（亀甲紋だから、亀のイメージ）に乗った天皇家の祖神が、海《わた》神《つみ》の宮に赴き、美女（女神）と快楽に溺れ、三年後にもどってきたとある。また神武《じんむ》東征《とうせい》説話の中で、瀬戸内海に釣り竿をもって亀に乗った男が現れ、案内役を買って出ている。おとぎ話の浦島太郎は、これら『日本書紀』に描かれた「浦島もどき」をモデルにして、編み出されたのだろう……。いったい、なんのために？

いや、そもそも、『日本書紀』は「浦島太郎（浦島子《うらしまこ》）は実在した」と、大真面目に語っている。いったい、これはなんだ。『丹後国風土記《たんごのくにのふどき》』逸文は、詳細な浦島太郎伝説を語っている。浦島太郎って、何者？

かぐや姫にしても、『古事記』には「迦具夜比売命《かぐやひめのみこと》」が実在の人物として登場し、しかも彼女の祖母は「竹野比売《たかのひめ》」で、「竹のお姫様」を名乗っている。かぐや姫にもモデルはいた……。

おとぎ話はけっして牧歌的ではない。敗れた者どもが勝者によって抹殺された歴史を、隠語や比喩を用いて再現しようとする試みではなかったか。

ならば、彼らの声を、おとぎ話の中から拾うことは可能なのだろうか。

近年、考古学がヤマト建国の大筋を言い当てるようになって、『日本書紀』や『古事記』の神話やヤマト黎明《れいめい》期の説話の中から、「隠された歴史」を再現できるようになってきた。神話や神武東征、ヤマトタケルなど、これまで荒唐無稽と思われていた物語の中に、本当の歴史が残されている可能性が高くなってきた。

おとぎ話と神話と考古学を組み合わせることによって、新たな歴史観が生まれるはずだ。

もくじ

第一章　桃太郎と吉備津彦命伝説

第二章

神話に登場していた浦島太郎やかぐや姫

第三章　『竹取物語』と神武東征の物語

第四章 一寸法師と神功皇后の奇妙な接点

第五章　権力者を糾弾するかぐや姫

古代天皇系図

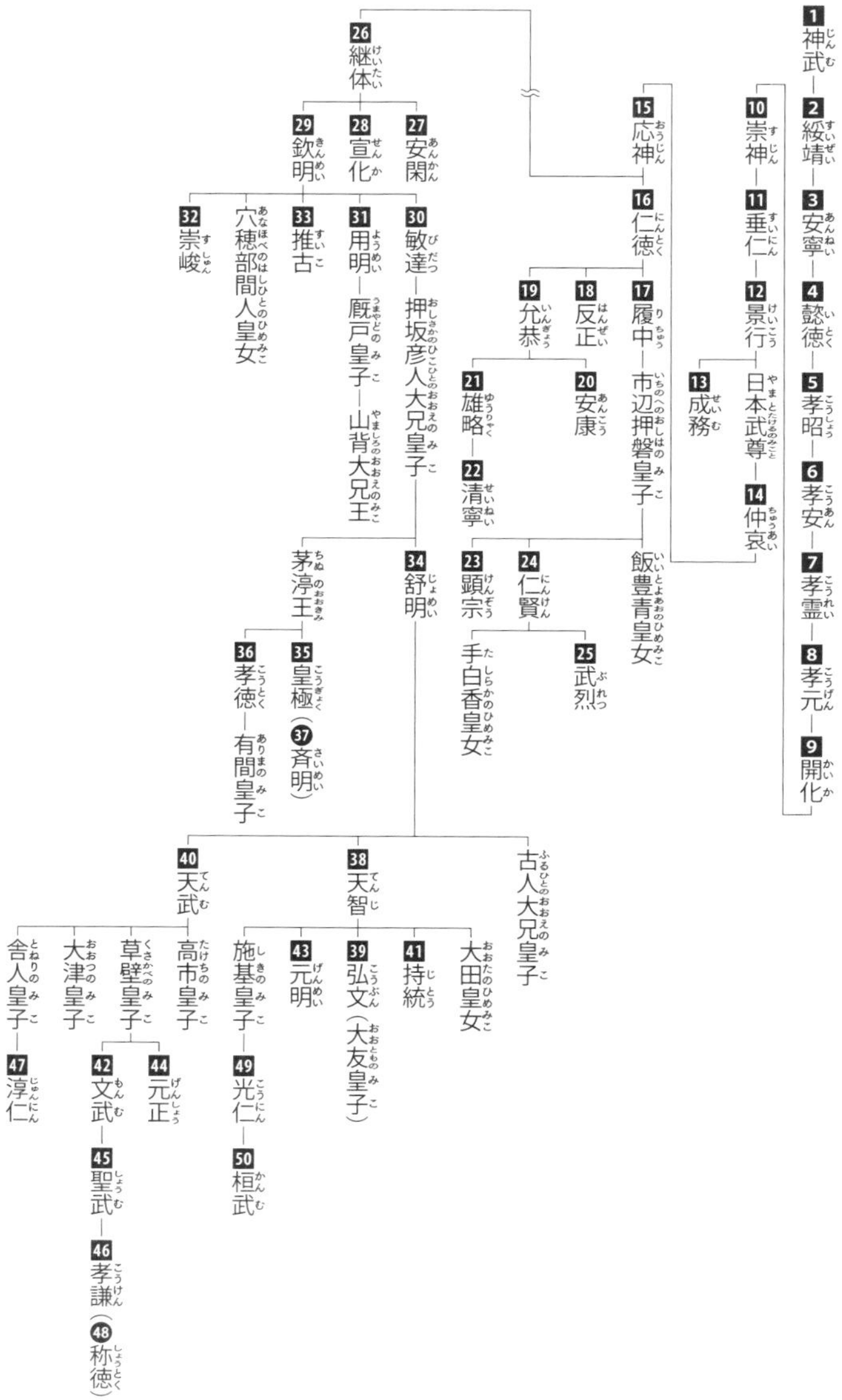

1 神武《じんむ》
2 綏靖《すいぜい》
3 安寧《あんねい》
4 懿徳《いとく》
5 孝昭《こうしょう》
6 孝安《こうあん》
7 孝霊《こうれい》
8 孝元《こうげん》
9 開化《かいか》
10 崇神《すじん》
11 垂仁《すいにん》
12 景行《けいこう》
日本武尊《やまとたけるのみこと》
13 成務《せいむ》
14 仲哀《ちゅうあい》
15 応神《おうじん》
16 仁徳《にんとく》
17 履中《りちゅう》
18 反正《はんぜい》
19 允恭《いんぎょう》
市辺押磐皇子《いちのへのおしはのみこ》
20 安康《あんこう》
21 雄略《ゆうりゃく》
22 清寧《せいねい》
飯豊青皇女《いいとよあおのひめみこ》
24 仁賢《にんけん》
23 顕宗《けんぞう》
25 武烈《ぶれつ》
手白香皇女《たしらかのひめみこ》
26 継体《けいたい》
27 安閑《あんかん》
28 宣化《せんか》
29 欽明《きんめい》
30 敏達《びだつ》
31 用明《ようめい》
33 推古《すいこ》
穴穂部間人皇女《あなほべのはしひとのひめみこ》
32 崇峻《すしゅん》
押坂彦人大兄皇子《おしさかのひこひとのおおえのみこ》
厩戸皇子《うまやどのみこ》
山背大兄王《やましろのおおえのみこ》
34 舒明《じょめい》
茅渟王《ちぬのおおきみ》
35 皇極《こうぎょく》（37 斉明《さいめい》）
36 孝徳《こうとく》
有間皇子《ありまのみこ》
古人大兄皇子《ふるひとのおおえのみこ》
38 天智《てんじ》
40 天武《てんむ》
大田皇女《おおたのひめみこ》
41 持統《じとう》
39 弘文《こうぶん》（大友皇子《おおとものみこ》）
43 元明《げんめい》
施基皇子《しきのみこ》
49 光仁《こうにん》
50 桓武《かんむ》
高市皇子《たけちのみこ》
草壁皇子《くさかべのみこ》
大津皇子《おおつのみこ》
舎人皇子《とねりのみこ》
44 元正《げんしょう》
42 文武《もんむ》
45 聖武《しょうむ》
46 孝謙《こうけん》（48 称徳《しょうとく》）
47 淳仁《じゅんにん》

※●は重祚

第一章

桃太郎と吉備津彦命伝説

「桃太郎」の原型は神話だった？

日本でもっとも有名なおとぎ話といえば「桃太郎《ももたろう》」だろう。岡山県（旧吉備《きび》国）を舞台にした鬼退治の話だ。明治四十四年（一九一一）には、「桃太郎」が尋常小学校唱歌になってもいる。

♪桃太郎さん桃太郎さん。お腰につけたキビ団子　一つわたしに　下さいな……♪

だれもが口ずさむことができる歌詞であり、「桃太郎」の説話も、すっかり記憶されていることだろう（話が単純で明快、ということもある）。

「桃太郎」は、すでに江戸時代から、「日本五大昔話」のひとつに数えられていた。その五つは、猿蟹《さるかに》合戦、桃太郎、舌切り雀《すずめ》、花咲爺《はなさかじじい》、兎大手柄《うさぎおおてがら》（かちかち山）で、もちろん現代に至っても、しっかり話は伝わっている。

ただし、日本五大昔話の成立は、思いのほか新しい。『竹取物語《たけとりものがたり》』ならば、すでに平安時代に成立していて、『御伽草子《おとぎぞうし》』も室町時代に成立していた。また神話も含めれば、『日本書紀』や『古事記』は八世紀の前半に編纂《へんさん》されていた。一方日本五大昔話は、江戸時代に今のような話になった。もちろん、桃太郎も、新しい。

とはいっても、ここが「桃太郎」のややこしいところで、話のコアには、太古の日本の信仰やら歴史がからんでくるのではないかと、長い間考えられてきた。

たとえば民俗学の祖・柳田國男《やなぎたくにお》は「桃太郎の誕生」（『定本　柳田國男集　第八巻』筑摩書房）の中で「桃太郎」について、「たわいも無いもの」としたうえで、次のように述べている。

> 実際はやはり亦《また》世界開闢《かいびゃく》以来の忘るべからざる事件として、考察せらるべきものであった。

われわれが知る「桃太郎」は、江戸時代に成立したとしても、神話に「桃太郎」の原型があって、それが代を追うごとに話は入れ替わり、近世に大きく変化してしまったと推理している。「元の樹の所在は不明になった」（前掲書）というのである。

桃太郎は大きな桃から生まれたと伝わるが、元来は中が空《うつ》ろの瓜《うり》から神仏の子として生まれる「小《ちい》さ子《こ》」が物語の骨子だったという。一寸法師《いっすんぼうし》やかぐや姫が小さな体で生まれたように、もともとの話は、桃太郎も「小さ子」だったといっている。

神話学者で民俗学者の高木敏雄《たかぎとしお》も、「桃太郎」は単純な童話ではないと推理している。他の五大昔話とは一線を画していて「民間童話の衣を被った史的国民伝説であって、その中には神話的要素、伝説的要素、童話的要素、その他いろいろの要素が含まれている」と言い、その本質は「英雄伝説的童話」なのだが、おとぎ話の衣装を着けているから、みな欺《だま》されるというのだ（『人身御供論』ちくま学芸文庫）。

たとえば、「桃太郎」が源頼光《みなもとのよりみつ》の大江山《おおえやま》討ち入り（酒呑童子《しゅてんどうじ》）や為朝《ためとも》の鬼島《おにがしま》渡りなどの英雄伝説と同一と考えられるのは、お供にした猿、雉《きじ》、犬が、一種の「シンボル」として鬼退治の勇士＝桃太郎の性質を表す「アットリブート（絵画などで、神や人物を表現するシンボル）」にすぎないからだという。あくまで話の中心に立っていたのは、英雄としての桃太郎であり、ここに、古い時代の伝説が反映されていたということになる。

近世にまとめられた話の背後に、本当に古い民族の記憶が残っていたのだろうか。

昔話の主役はみな「小さ子」「童子」

記紀《きき》神話にも、「小さ子」が登場する。『日本書紀』神代上第八段一書第六に、次の話が載る。

> 大国主神《おおくにぬしのかみ》が少彦名命《すくなびこなのみこと》と力をひとつにして天下を経営し、民と家畜のために病気の治療法を定め、鳥獣や虫の害を除くために禁厭《まじない》の法を定めた。（中略）国を造り終えて少彦名命は熊野岬《くまののみさき》に行き、常世郷《とこよのくに》（不老長生の国）に去って行った。また別の伝えでは、淡路島《あわじしま》にいたり、粟の茎にのぼったとき、弾かれて常世郷に至ったという。

最後の場面で、少彦名命が小さな体だったことが語られている。一書第六の最後に、次の話が載る。

> 大己貴神《おおあなむちのかみ》（大国主神）が国を平定したとき、出雲《いずも》の浜で食事をした。海上に人の声

がしたが、姿が見えない。しばらくすると、ひとりの「小男《おぐな》」が現れた。「ガガイモの皮」で舟を造り、鷦鷯《さざき》（ミソサザイ）の羽根を衣にして、波に身を任せてやってきた。大己貴神は手のひらにのせて弄《もてあそ》んだ。すると飛んで頬を噛んだ。使いをやり、天神《あまつかみ》に報告すると、高皇産霊尊《たかみむすひのみこと》は「私が産んだ子は千五百柱いる。その中のひとりの子は悪く、言うことを聞かず、指の間からこぼれた。その子だろう。慈しみ、養育してほしい」と言う。これが少彦名命だった。

このように、神話の中に「言うことを聞かない悪い暴れん坊の小さ子」が登場していたことがわかる。よくよく考えてみれば、昔話の鬼退治は、多くが「童子（子ども）」が主役になっているか、あるいは鬼そのものが（酒呑童子《しゅてんどうじ》など）「童子」を名乗っていたことに気づかされる。

民俗学者が指摘するように、昔話の主人公は多くが「小さ子」「童子」なのである。おとなたちが武器を手に、徒党を組んで鬼を懲らしめたという話は、聞いたことがない。「孤高の童子」は、なぜ鬼と対峙《たいじ》したのだろう。いや、なぜ子どもに、鬼退治ができたのだろう。

これにはしっかりとした理由がある。多神教世界に住む日本人の発想なのだ。物事には必ず表と裏があり、同じ一柱の神にも、穏やかな和魂《にぎみたま》の側面と、荒々しい荒魂《あらみたま》の側面を合わせ持つ。

多神教徒にとっての神は大自然そのものだ。災いをもたらす恐ろしい存在（鬼）だが、丁重に祀ってあげれば、幸をもたらす有り難い存在（神）に変化する。人間の一生も、老人になって「角が取れて丸くなる（穏やかな神のような存在になる）」。これに対して童子は、驚異的な成長力と生命力を備え鬼のような存在と恐れられた。だから、老人の「穏やかな和魂」に対して、童子は「荒魂」であり、鬼と対等の力を持つと信じられていた。お祭りの先頭に「お稚児《ちご》さん（童子）」が立ち、露払いをするのは、このためだ。

童子が活躍する「桃太郎」は近世に至って話が完成したが、その背後に、太古から続く日本的な文化が隠されていることは、間違いない。

「桃太郎」が神がかっているのは桃のせい？

「桃太郎」の話は「昔々あるところに、お爺さんとお婆さんがいました……」から始まる。桃太郎だけではなく、昔話には老夫婦が頻繁に登場する。また、「子宝に恵まれないお爺さんとお婆さん」であることがよくある。のちに触れる一寸法師の場合、「子どもがほしい」と願った老夫婦に、住吉大神《すみよしのおおかみ》が「それなら」と、一寸法師を授けた。「桃太郎」では、川上からドンブラコドンブラコと桃が流れ着き、それを婆さんが拾い、桃太郎が生まれたが、古くは、桃を食べた老夫婦が若返り、その結果桃太郎が生まれたという設定もあったようだ(大人の童話だな)。桃のパワーは神がかっていたわけだし、昔話に登場する童子たちは、神との関係性が強い。

桃太郎は童子だから鬼（神）のようなパワーを持ち、大活躍をしたわけだが、桃太郎が神がかっているもうひとつの要素は、「桃」だと思う。「桃」には、不思議な力が備わっていると信じられていたからである。

たとえば桃には、薬効がある。つぼみ、花、葉っぱ、若い枝、種子、根っ子、樹皮と、使える部位が多い。ただ、今われわれが食している桃は、よりおいしく食べられるように品種改良が進められ、甘くおいしいが、薬としての効果は薄くなってしまったようだ。

さらに中国では、邪悪なもの、病気や災いをもたらす「邪気」や祟《たた》る「邪鬼」を避ける力が桃に秘められていると考えられた。桃は呪術や薬として医療に用いられたのだ。また、道教《どうきょう》の神仙思想《しんせんしそう》の中で、不老長寿と秩序を象徴する西王母《さいおうぼ》が桃を食べると信じられていた。「魏志倭人伝《ぎしわじんでん》」に登場する卑弥呼《ひみこ》は「鬼道《きどう》」を用いて民を支配していたと記録されているが、この思想は道教のことではないかとする説もある。

この中国の桃の文化や信仰と知識が日本にも影響を与え、『古事記』神話で、桃は重要な役割を担っている。イザナキとイザナミの悲しい説話だ。

イザナミは多くの神々を生み、最後に火の神を生むと、亡くなり、出雲国と伯伎国《ははきのくに》の境にある比婆之山《ひばのやま》（広島県比婆郡）に葬られた。夫のイザナキは亡くなった妻のイザナミに一目会いたいと黄泉国《よみのくに》（死者の住む場所）へ赴くが、イザナミの屍は腐り、ウジ虫がたかり八種《やくさ》（八柱）の雷神が体にまとわりついていた。恐れたイザナキは逃げ去るが、イザナミは「恥をかかされた」と怒り、予母都志許売《よもつしこめ》（黄泉醜女。黄泉国の醜悪な女性）をさし向けた。イザナキは頭に挿していた黒き御縵《みかづら》（黒御鬘《くろみかづら》。ツル草を編んで輪にしたもの。長寿のおまじない）をとって投げ捨てると、蒲子《えびかづらのみ》（ヤマブドウ）がなった。醜女たちがこれを食べている間に逃げた。しかし、なお追ってくるので、右の美豆良《みずら》に挿していた神聖な湯津々間櫛《ゆつつまくし》（湯津爪櫛）の歯を折り、投げ捨てると、そこからタケノコが生えてきた。醜女らがそれを食べている間に逃げた。するとイザナミは、八種の雷神に黄泉の大軍を添えて追わせた。そこでイザナキは、十拳《とつかの》剣《つるぎ》を抜いて後ろ手に振りながら逃げたが、雷神たちはあきらめない。黄泉比良坂《よもつひらさか》（出雲国八束《やつか》郡の伊賦夜坂《いふやさか》）のふもとにはえていた桃の実を三個採って迎え撃つと、雷神たちはみな帰って行った。そこでイザナキは、桃の実に次のように述べた。

「お前が私を助けたように、葦原中国《あしはらのなかつくに》に暮らすすべての生ある人びとが苦しみ悩むとき、助けなさい」

そして、意富加牟豆美命《おおかむずみのみこと》の名を下賜した……。

桃の実の効果は抜群だったわけで、人びとの役に立つようにと、イザナキは命じたのだった。

ただしひとつ不思議なことがある。追ってきた醜女たちは、ヤマブドウやタケノコを喜んで食べていたのに、なぜ雷神たちは、桃を食べずに、すごすごと帰って行ったのだろう。桃が恐ろしかったのだろうか。

陰陽五行と桃

「桃」に薬効だけではなく呪力が備わっているという発想は、陰陽《いんよう》五《ご》行説《ぎょうせつ》による。だから、イザナキや黄泉国の神話、あるいは「桃太郎」の話の設定も、陰陽五行説を用いれば、簡単に解き明かせると考えられている。

陰陽五行とはなんだろう。宇宙は陰と陽によって構成される。また五行は、五つの元素「木」「火」「土」「金」「水」のことで、順々に入れ替わり、一巡するという発想だ。中国で紀元前三千年から紀元前二千年にかけて考案され、日本には飛鳥《あすか》時代にもたらされた。

五行の五元素は、輪をなし、お隣同士は相生《そうせい》（促進し育てる）の関係にある。順番に、「木」は燃えて「火」となり、「火」は「土（灰）」を生み、「土」から「金（金属）」が生まれ、「金」は溶けると「水」となり、「水」は「木」を育てる。また、五行は方角をも意味している。

また、五つの元素は五芒星《ごぼうせい》のように向きあい、対角線上の二つの元素は「相剋《そうこく》」する。相手を制約し抑制する。相手を打ち消す作用があるというのだ。

そこで桃太郎に話を戻すと、桃太郎の「桃」は五果《ごか》の一つで五行の「金」に相当し、南西の方位で未申《ひつじさる》の干支になり、丑寅《うしとら》の方角（鬼門《きもん》。北東）の「木」とは、相剋の関係にあり、相手の力を削いでこの裏鬼門側の干支（方位）が、未申の中にあって、申から右回りに酉戌《とりいぬ》が位置する。桃太郎が鬼退治のために揃えた動物たちは、「鬼門に相剋する干支」だったということになる。

「桃は金の元素」だから、中国で「桃」は霊的な力を持っていると信じられていたわけだ。だから、日本の神話の中でも、イザナキが追ってくる邪鬼たちに向かって桃を投げつけ（相剋の関係にある）、邪鬼たちは桃を食《は》むことなく退散したのである。

神話やおとぎ話だけではなく、実際に古代人が「桃」を大切にしていたことがわかっている。

「桃」の原産地は中国北部の黄河《こうが》上流域で、梅とともに縄文時代には日本に渡って来ている。今から六千年ほど前のことと思われる。長崎県諫早《いさはや》半島の付け根で、桃核《とうかく》（桃の種）が出土した（伊木力《いきりき》遺跡）。岡山県の津島岡《つしまおか》大遺跡でも約三千五百年前（縄文時代後期）の桃核がみつかっている。弥生時代になると、桃の栽培は東に伝わっていった。

七世紀後半の飛鳥京跡（奈良県高市《たかいち》郡明日香《あすか》村）の庭園遺構から、桃、梅、梨、柿の種子や花粉果実が出土している。奈良時代の平城《へいじょう》宮東南隅に東院庭園が造営されているが、ここに桃の庭木が植えられていたこともわかっている。

邪馬台国《やまたいこく》と桃も、つながってきた。ヤマト発祥の地・纒向《まきむく》遺跡では、平成二十一年（二〇〇九）の発掘調査によって三世紀前半では最大の大型建物がみつかった。卑弥呼の宮殿ではないかと大騒ぎになった。翌年、さらに建物の南側五メートルの場所で楕円形の穴がみつかり、土器片や木製の剣、漆塗りの弓、獣骨などとともに、二千七百六十五個の桃の種が出土した。そのうち約五十個の種には、果肉や皮が残っていた（桜《さくら》井《い》市教育委員会）。邪馬台国の卑弥呼が桃を用いて呪術を行っていたとみなされるようになった。また邪馬台国畿内論者は、纒向が邪馬台国だった可能性はさらに高まったと考えた。

ただし、岡山県の弥生時代後期の遺跡（集落あと）から、纏向遺跡を上まわる数の桃の種が出土している。それが百間川今谷《ひゃっけんがわいまだに》遺跡、津島遺跡、上東《じょうとう》遺跡で、数百、数千の桃の種が祭器具とともに出土し、計一万個以上の桃の種がみつかっている。だから当然、「邪馬台国吉備説」「邪馬台国東遷説（吉備からヤマトへ）」が岡山市や周辺の人びとによって叫ばれるようになった。

ただし、桃の種の数を競っただけで、邪馬台国論争が決着するわけではないし、邪馬台国論争にうつつを抜かしている場合ではない。日本の古代史には、邪馬台国よりも大切な問題が山積みだからだ。

「桃太郎」の舞台は吉備？

おとぎ話「桃太郎」の舞台はどこだろう。

桃太郎の出生地がどこだったのか、よくわからない。「昔々あるところに」と物語は始まるのだから、当然のことだ。桃太郎が向かった鬼ヶ島がどこかというと、これもよくわからない。ただ、鬼退治の舞台となったのは「吉備（岡山県と広島県東部）ではないか」と、考えられている。

理由はいくつかある。

まず「黍《きび》団子」の「キビ」の響きが大きい。「キビ団子」は穀物の「キビ」だから、本来「吉備」とは関係がないはずだ。ところが、意外にも、かつては「吉備国の地名は黍の栽培に適した土地だからキビになった」と、考えられていた。阿波《あわ》・安房国《あわのくに》の「粟」、紀国《きのくに》の「木」と同じだという。「黍がよく獲れるから古くからこの一帯をキビとよんでいた」という。ところが、同じ「キビ」でも「吉備」と「黍」では、音韻（甲と乙）が異なるということから、「吉備＝黍」説は、次第に勢いを失ってしまった。

その一方で、少なくとも「桃太郎」説話が完成する以前、江戸時代のはじめには、キビ団子が吉備津《きびつ》神社では名物になっていたという。キビ団子は吉備津神社が発祥であり、細川幽斎《ほそかわゆうさい》（肥後《ひご》熊本藩の祖）も、吉備津神社に参拝の折、団子の狂歌を作っている。かねてより「桃太郎と言えば吉備の話」という共通の認識があって、だから暗示を籠めるために「キビ団子が吉備津神社」で売り出されたのだろう。

と言うのも、備中一宮《びっちゅういちのみや》の吉備津神社（岡山市）には、鬼伝説が残り、さらに鬼が根城にしていたという鬼ノ城《きのじょう》（総社《そうじゃ》市）も存在していて、「吉備の鬼伝説」が「桃太郎」につながっていた可能性がある。もちろんだからこそ、現代では、「桃太郎」と言えば岡山（吉備）がすぐ思いつくし、岡山駅で売られている土産《みやげ》と言えば、「桃太郎」のキャラクターの絵をあしらったキビ団子なのだろう。

ちなみに吉備津神社本殿は国宝で、入母屋造《いりもやづくり》の屋根をふたつ並べた「吉備津造《きびつづくり》」だ。美しいことこの上ない。

吉備津神社の主祭神は大吉備津彦命《おおきびつひこのみこと》（『日本書紀』に言う吉備津彦命。以下吉備津彦命）で、異母弟の若日子建吉備津日子命《わかひこたけきびつひこのみこと》とその子の吉備建彦命《きびたけひこのみこと》が祀られている。

そして、主祭神の吉備津彦命が桃太郎のモデルではないかと疑われている。

そこで少し、吉備津彦命について、考えておきたい。

吉備津彦命は四道将軍？

吉備津彦命は吉備出身ではない。ヤマト政権側の人間だ。『日本書紀』によれば、第七代孝霊《こうれい》天皇（欠史八代《けっしはちだい》のひとり）と、倭国香媛《やまとくにかひめ》（出自不明。ただし『古事記』には安寧《あんねい》天皇の曾孫とある）との間にできた子が、倭迹迹日百襲姫命《やまとととびももそひめのみこと》（大物主神《おおものぬしのかみ》の妻となり、箸墓《はしはか》に葬られる）、彦五十狭芹彦命《ひこいさせりびこのみこと》（またの名は吉備津彦命）、倭迹迹稚屋姫《やまとととわかやひめの》命《みこと》とある。

ところで、吉備を代表する名族は「吉備臣《きびのおみ》」なのだが、吉備津彦命の末裔ではない。異母弟の稚武彦命《わかたけひこのみこと》が、吉備臣の祖となる。

ならばなぜ、吉備津彦命に「吉備」の名が冠せられたのだろう。『日本書紀』崇神《すじん》十年秋七月条に、次の記事が載る。

崇神天皇が群卿たちに詔《みことのり》した。

「民を導く基礎は、教化することにある。天神地祇を祀り、災害は消えたが（詳細はのちに）、辺境の人びとは臣従していない。原因は、王化の徳に触れていないからだ。そこで、群卿を四方に遣わし、私の教えを広めるように」

こうして九月、大彦命《おおびこのみこと》を北陸道《くぬかのみち》に、武渟川別《たけぬなかわわけ》を東海《うみつみち》に、吉備津彦を西道《にしのみち》（山陽道）に、丹波道主命《たにわのみちぬしのみこと》を丹波に遣わした。その上で「もし教えを受け入れなければ、兵を挙げて討て」と述べられた。みなに印綬を授けて将軍に任命した。

これがいわゆる四道将軍《しどうしょうぐん》だ。ただしここで、武埴安彦《たけはにやすびこ》の謀反が勃発し、吉備津彦らが、これを成敗し、その上で各地に派遣された。

崇神十一年夏四月、四道将軍は「戎夷《ひな》」を平定したと奏上してきた。翌年秋九月、多くの災禍をくぐり抜け、国内に安定をもたらした崇神天皇は、「御肇国天皇《はつくにしらすめらみこと》」と称えられたという。

ところで吉備津彦は西道に遣わされたとあるが、具体的にどこを平定したのか、記録はない。ただし、崇神六十年になって、崇神天皇は出雲臣《いずものおみ》の祖の武日照命《たけひなてるのみこと》が天からもたらし出雲大社の宮に収納されている神宝《かんだから》を見てみたいと思いつき、使者を送った。すると出雲で内紛が勃発し、出雲振根《いずものふるね》が背いた。そこで吉備津彦がさし向けられ、出雲振根を討つという事件が起きている。吉備津彦の具体的な功績は、この出雲征討なのである。

『古事記』には四道将軍の話は出てこないが、吉備津彦（比古伊佐勢理毘古命《ひこいさせりびこのみこと》、大吉《おおき》備津日子命《びつひこのみこと》）が吉備を平定した話が載っている。

大吉備津日子命は腹違いの弟・若日子建《わかひこたけ》吉備津日子命とともに針間氷河《はりまのひかわ》（加古川《かこがわ》）

の岬で神を祀り、針間（播磨《はりま》、兵庫県南西部）を入口にして、吉備国を平定した（言《こと》向《む》け和《やわ》しき）。この大吉備津日子命は吉備の上道臣《かみつみちのおみ》の祖だ。若日子建吉備津日子命は吉備の下道臣《しもつみちのおみ》と笠臣《かさのおみ》の祖だ……。

『古事記』は、吉備津彦が播磨側から吉備に攻め入り、吉備の上道臣らの祖になったと記す。上道臣は備前国《びぜんのくに》上道郡の氏族だ。ただし、なぜ吉備を平定しなければならなかったのか、その理由を『古事記』は明記していないし、欠史八代の時代の記事ゆえ、この記事をどこまで信じて良いのか、不安ではある。

吉備津神社の鬼伝説

問題は、なぜ吉備津彦が吉備で鬼とつながっていったのかである。

吉備津神社に、吉備津彦と鬼の伝説が残されている。

伝承は第十一代垂仁《すいにん》天皇の時代のことだという。実在の初代王が第十代崇神天皇と考えられているから、ヤマト建国のすぐあとということだろうか。

吉備に鬼神が飛んできた。百済《くだら》王子で、名は温羅《うら》といい、別名を吉備冠者《きびのかじゃ》ともいう。身なりが異常で、目が猛獣のように輝き、髯《ひげ》と髪の毛は燃えるように赤く、背丈は一丈四尺で、馬鹿力で凶暴だった。備中国の新山《にいやま》に居城を、脇の岩屋山に楯《たて》（城）を築き、瀬戸内海を往来する船を襲撃しては、荷や婦女子を掠奪した。

温羅の居城を「鬼ノ城」と呼ぶようになった。また、人びとは恐れおののき、惨状を都に訴えたため、朝廷は兵を差し向けたが、温羅は手強く、神出鬼没、倒すことはできなかった。そこで、五十狭芹彦命《いさせりびこのみこと》が差し向けられた。これが吉備津彦で、兵を率いて吉備の中山《なかやま》（吉備津神社、吉備津彦神社の背後の神体山）に陣を張り、西方の片《かた》岡《おか》山に石の楯を築いた。ちなみに、この片岡《かたおか》山は、前方後円墳の原型になる弥生時代後期の楯築《たてつき》古墳（倉敷《くらしき》市の楯築神社でもある）を指している。

こうして軍備を整えた吉備津彦だったが、温羅は強敵だった。吉備津彦が射かけた矢は、すべて温羅の放った矢と噛み合って海中に落とされた。これが矢喰宮《やぐいのみや》（岡山市田中）で、そのときの矢が祀られている。

そこで吉備津彦は、二本の矢を弓につがえて放つと、一本の矢が温羅の左目を射抜いた。血潮が流れ、血吸川《ちすいがわ》となった。温羅は雉《きじ》に変じて飛び去ると、吉備津彦は鷹になってあとを追った。すると温羅は鯉になって血吸川に逃げた。そこで吉備津彦は、鵜《う》となって鯉をくわえた。この地が鯉喰《こいくい》神社（倉敷市矢部）になった。

こうして温羅は、吉備津彦に降伏した。そして、みずからの「吉備冠者」の名を、吉備津彦に献上し、このときから、吉備津彦の名が生まれた。

吉備津彦は温羅の首をはね、串に刺して晒し者にした。首村《こうべ》（現在の岡山市平津《ひらつ》）にその遺跡がある。

死んだはずの温羅だったが、首は何年もうなり続けた。そこで吉備津彦は犬飼武《いぬかいたける》に命じ、犬に首を喰わせた。しかし、髑髏《されこうべ》になってもうなり声は止まないので、吉備津彦は吉備津宮の釜殿《かまでん》のカマドの下に埋めた。それでも十三年の間、温羅はうなり、周辺に響き渡った。

そうこうしているうちに、ある晩、温羅が夢枕に立って、次のように告げた。

「私の妻、阿曾《あぞ》郷の祝《はふり》の娘の阿曾媛《あそひめ》に釜殿の御饌《みけ》を炊かせなさい。もし、世に変事があり、幸あれば豊かにカマドは鳴り、禍《わざわい》があるなら、荒々しく鳴るだろう」

これが、吉備津神社の御釜殿《おかまでん》の鳴釜神事《なるかましんじ》のおこりだという。

『雨月物語』にも登場する鳴釜神事

この鬼の温羅の伝承は想像以上に古い時代から語り継がれたようだ。「吉備津宮（現在の吉備津神社）の鬼門を守る恐ろしい鬼神」の物語が平安時代末の『梁塵《りょうじん》秘抄《ひしょう》』に、登場している。「艮《うしとら》みさきは恐しや」と記され、「丑寅みさき＝温羅の精霊の恐ろしさ（鬼門を守る恐ろしい鬼神）」は、世に知られていたことになる。神事は室町時代に記録されている。

江戸時代になっても、評判は全国に知れ渡っていたようで、明和《めいわ》五年（一七六八）に成立した読本『雨月物語《うげつものがたり》』も、「吉備津の釜」を取り上げている。吉備津の釜にまつわる部分は、以下の話だ。

吉備国賀夜《かや》郡庭妹《にいせ》の里に井沢庄太夫《いざわしょうだゆう》という人物がいた。祖父は播磨の赤松《あかまつ》氏に仕えていたが、嘉吉《かきつ》元年（一四四一）に勃発した乱のとき、この地に移ってきて、三代にわたって畑を耕し、豊かな暮らしを送っていた。ところが一人っ子の正太郎《しょうたろう》は、百姓仕事を嫌い、酒と女色に溺れていた。そこで、良家の美しい女人を探し出し、嫁を取らせようと考え、国中に求めたところ、仲人が現れ、吉備津神社の神主の香央造酒《かさだみき》の娘を薦めてきた。両家ともに良縁と喜び、婚儀の用意をした。

幸いを神に祈るためといい、巫子《かんなぎ》（巫女）や祝部《はふり》を集めて湯をたてて神に奉《たてまつ》った。そもそも当社に祈誓する人は、数々の祓えもの（供物）を供えて湯を奉り、吉祥凶祥を占う。祝詞をあげ、湯が沸きあがる。吉兆なら、釜の鳴る声は牛が吠えるようだ。凶兆のときは釜に音はない。これを吉備津の御釜祓という。香央家のことは、神が受け付けなかったのか、ただ秋の虫の草むらに鳴くばかりの声もしなかった。

つまり、良縁と思っていたのに、神は「凶」とみたわけである。

吉備津神社の温羅にまつわる釜殿の伝説は、全国的に知れ渡っていて、『雨月物語』に取り上げられたのだろう。

吉備津彦伝説は桃太郎とそっくりではないが、ここから物語が派生したことは、十分感じとることができる。時間がたち、江戸時代に「桃太郎」説話へと変化していった可能性は高い。

近畿地方の人びとは文明に抗った？

鬼の温羅とは何者なのか。そして、ヤマト建国黎明期に吉備に遣わされた吉備津彦の正体とは……。江戸時代に完成した「桃太郎」だが、古代史とも密接につながってくることがわかってきた。

そこで謎解きをする前に、まず「ヤマト建国と吉備」の話をしておかなくてはならない。吉備はヤマト建国の中心勢力であり、古墳時代を通じてもっとも栄えた地域だったからだ。

ヤマト建国は三世紀後半から四世紀にかけてのことで、きっかけは、三世紀初頭（一説に二世紀末）に三輪山麓《みわさんろく》（奈良県桜井市）の扇状地に、各地から人びとが集まり、政治と宗教に特化した都市が出現したことによる。これが、纏向遺跡だ。初期型の前方後円墳が誕生し、さらに三世紀後半から四世紀にかけて、箸墓（箸中山《はしなかやま》古墳）が出現し、埋葬様式が整い「完型化した前方後円墳」が、各地に伝播《でんぱ》していった。埋葬文化を共有することでつながるゆるやかなネットワークが編まれていった。これが、ヤマト建国である。

ところで『日本書紀』は、ヤマトの初代王の神武天皇は日向《ひむか》（南部九州）から東に向かったといい、邪馬台国九州説が有力視されていた時代は、王家は富み栄えていた北部九州から東に移動したと信じられていた。

ところが、三世紀の日本列島の人びとは、近畿地方や山陰地方から北部九州に移動していたことがわかっている。ヤマトに人びとが集まり、鉄の流通ルートを確保するために、福岡市を中心とする北部九州になだれ込んでいたのだ。

それだけではない。纏向は外来系の土器が多いことで知られているが、もたらされた土器の割合は、東海系が約半数を占めていた（東海四九パーセント、山陰・北陸一七パーセント、河内《かわち》一〇パーセント、吉備七パーセント、関東五パーセント、近江《おうみ》五パーセント、西部瀬戸内三パーセント、播磨三パーセント、紀伊《きい》一パーセント）。

ただし、この「東海地方が外来系土器の約半数を占めていた」という事実は、軽視されてきた。弥生時代に栄えていたのは北部九州で、鉄の産地（朝鮮半島）にもっとも近いという地の利を活かして、鉄器と富を蓄え、強い王が生まれていた。山陰地方や瀬戸内海、北陸にも、鉄器は流れ、近畿地方南部（ヤマトと周辺地域）から東側は、出遅れたのだ。このあたりの事情をすこし説明しておきたい。

弥生時代後期に銅鐸《どうたく》文化圏が形成された、近畿地方南部から東海地方にかけて形成された巨大銅鐸を作るようになった。「西側」の富と権力を手に入れた王たちは青銅器を自身の墓に埋葬したが、銅鐸文化圏の人びとは、「ひとりの強い王」の発生を嫌い、「王が勝手に持ち出せないほど大きな銅鐸」を作り、集落や地域のみなで青銅祭器を祀るという文化を築き上げたのだ。

ちなみに、最先端の考古学は、弥生時代の近畿地方南部の人びとが、中国や朝鮮半島から流入する魅力的な「文明」をはね返し「抗《あらが》った」と、指摘するようになってきた（寺前直人《てらまえなおと》『文明に抗した弥生の人びと』吉川弘文館）。中国大陸では、文明の発展によって冶金《やきん》技術が進み、燃料に森を伐採したために国土は砂漠化し、天候不順を招き、人びとは飢餓や疫病に苦しんでいた。この様子を知っていた日本列島の人々のなかには、進歩に二の足を踏んでいた。その様子が見えてきたのだ。

弥生時代後期の東海地方の発展

ただしこのあと、東海地方で大きな変化が起きていることもわかってきた。弥生時代の前半は春から夏にかけて雨が少なく温暖で、この時期に稲作が東に伝播していったが、弥生時代中期末、紀元前一世紀になると、春から夏にかけて雨量が多くなり（湿潤化）、気候は冷涼になっていった。

「樹木年輪セルロースの酸素同位体比」を駆使して気候変動の歴史を精密に読み解くことに成功した中塚武《なかつかたけし》は、湿潤化の結果、古墳時代にかけて、人びとは低地の水田のまわりには住めなくなり、このことが広域の領域支配への進展を促し、初期国家の形成につながったと指摘する（『気候適応の日本史』吉川弘文館）。そしてこの時期に東海地方でも大きな変革があったようだ。

弥生時代後期の濃尾《のうび》平野や伊勢《いせ》湾沿岸部で巨大地震や洪水の被害が頻発し、人びとに動揺が走ったのか、祭祀形態が大きく入れ替わった。銅鐸は捨てられ、二世紀の初め頃、部族社会が形成され、各地に大きな影響を与えるS《えす》字《じ》甕《がめ》が出現した。

ここから近江や東海地方は急速に発展していくが、これを促したのは、日本海側のタニハ（但馬《たじま》、丹波《たんば》、丹後《たんご》、若狭《わかさ》をひとくくりにしてこう呼んでおく）だったようだ。このあたりの事情も大切なので、すこし説明しておく。

弥生時代後期のタニハは、出雲と対峙した。北部九州と手を組んだ出雲では強い王が現れ、東に向けて四隅突出型墳丘墓《よすみとっしゅつがたふんきゅうぼ》を伝えていった。ところがタニハはこれを拒み、長方形の台状墳丘墓にこだわり続け、独自の発展を続けた。また、タニハは朝鮮半島との間に独自の流通ルートを構築するとともに、内陸側に向けて物資のやりとりを始め、発展を促した。これに乗ったのが近江や東海地方だった。

そして二世紀の終わりになると、東海系の文化が東方に一気に拡散していく（赤塚《あかつか》次郎《じろう》『邪馬台国時代の関東』青垣出版）。この「東海ビッグバン」は、ヤマトにも影響を及ぼした。纏向遺跡に各地から土器が集まってきたことはすでに触れているが、最初にヤマトに進出したのは、東海地方だった可能性が高い。

纏向遺跡のある桜井市から北側の天理《てんり》市にかけての一帯（オオヤマト）で、東海系の土器がみつかっている。

このあと纏向に人びとが集まってくるし、庄内《しょうない》式や布留《ふる》式土器が誕生していくが、東海系の影響は少ないと考えられてきた。しかし、纏向遺跡が出現した直後（纏向一式）に限っていえば、東海的な要素が強く、東海のS字甕が、庄内式、布留式土器にも影響を与えた可能性が指摘されるようになってきたのだ（赤塚次郎「オオヤマトの東海」『古代「おおやまと」を探る』伊達《だて》宗泰《むねやす》編　学生社）。

　また植田文雄《うえだふみお》は、纏向遺跡に纏向型（初期型）の前方後円墳が誕生するよりも早く、近江や東海で、前方後方墳（前も後ろも四角い形）が誕生していたと指摘している。タニハで盛行した長方形の墳丘墓の影響を受けたのではないかと考えられている。しかも前方後方墳は一気に東方に向けて拡散し、かたや纏向型の前方後円墳は瀬戸内海を中心に広まり、ヤマト建国の前後、東西二極の埋葬文化圏を形成したのである（『「前方後方墳」出現社会の研究』　植田文雄　学生社）。

　つまり、ヤマト建国とは、かつての銅鐸文化圏の人びとが富み栄える西日本に対抗するために、ヤマトに集まったことが発端になった。「西側からの攻撃に頗《すこぶ》る強い」という地の利を活かして、独立を目指し、あわてた吉備や出雲が北部九州を見限って、ヤマトに集まってきた事件だったわけだ。

　そしてここから、話の主役は「吉備」に移っていく。

東のパワーを侮ってはいけない

奈良盆地の東南の隅の纏向でヤマトが誕生したが、長い間、ヤマト建国に果たした東側のパワーは無視されてきた。

奈良盆地は今でこそ関西圏だが、太古の奈良盆地は「西に突き出た東」だったようなのだ。たとえば弥生時代、稲作が北部九州から東に伝わっていったとき、奈良盆地に土偶が持ち込まれ、稲作文化をはね返す呪術が行われていた（橿原《かしはら》遺跡）。

纏向も、東とは縁が深い。縄文時代、東国とヤマトをつなぐ陸路は三輪山の南を走っていて、日本で最初の市場（海柘榴市《つばいち》）が、纏向遺跡の南側に建てられたのは、ここが東西の陸路の結節点だったからである。

縄文人たちが奈良盆地を頼ったひとつの理由は、盆地の西側に生駒《いこま》と葛城《かつらぎ》の長い山並みが横たわっていたからだ。鎌倉時代末期、楠木正成《くすのきまさしげ》が葛城山（金剛山《こんごうさん》。千早城《ちはやじょう》、赤坂城）に籠もり、雲霞《うんか》の如き鎌倉幕府軍を蹴散らしたことはよく知られているが、神武天皇も東征時、生駒山に陣を構えたナガスネビコにははね返されたと『日本書紀』は記録している。

ヤマトは西側からの攻撃にも強いことは明らかで、逆に北部九州は、地政学上、東側からの攻撃に弱いという特徴をもっていた。

弥生時代後期の北部九州は日本列島の中でもっとも栄え、富を蓄えていたし、鉄器も大量に保有していた。ただ、東側から攻められると脆弱だった。筑後川《ちくごがわ》の上流部、日《ひ》田《た》の盆地（大分県日田市）を東側の勢力におさえられると、これを奪還するのが難しく、日田から筑後川を下って背後から攻められるとじつにもろい。北部九州は「東に脅え続ける」という宿命を背負った。

実際、纏向に集結したヤマト勢力は、すぐに日田の盆地の一等地（小迫辻原《おざこつじばる》遺跡）を支配し、さらに福岡の沿岸部になだれ込んでいたことが分かっているのだ。

ヤマトの戦略は、次のような理にかなったものだった。

①西側から攻められてもびくともしない奈良盆地に集結した。
②日田盆地を奪い、富み栄えていた北部九州の防衛上のアキレス腱を奪った上で、沿岸部に乗り込んだ。

③東海勢力が纏向に拠点を構えた理由は、東海地方と陸路でつながること、いつでも背後から加勢を得られる（あるいはいつでも東に逃げられる）場所だからだ。

東海勢力が奈良盆地の東南の隅にいち早く乗り入れていた可能性が高くなり、彼らが積極的に前方後方墳を広めようとしていた事実は、もはや軽視できない。

ただし、「ヤマト進出に一歩出遅れた吉備」が、ヤマト建国後の主導権を握っていくようになった。どういうことか、説明しよう。

三世紀後半から四世紀にかけてヤマトが建国されたと考えられているが、これは古墳時代（前方後円墳を頂点にした埋葬文化のヒエラルキー）の始まりでもある。

前方後円墳の原型はすでに弥生時代後期の吉備に出現していた。それが楯築《たてつき》弥生墳《やよいふん》丘墓《きゅうぼ》（岡山県倉敷市。双方中円《そうほうちゅうえん》式墳丘墓）で、前方後円墳に並べられた特殊器台・壺も、吉備で誕生したものだ。纏向遺跡に持ち込まれた吉備の土器の数は相対的に少なかったが、前方後円墳の原型が吉備からもたらされたこと、吉備の土器が日用品ではなく祭祀に用いる貴重なものだったがために、ヤマト建国の中心に吉備が立っていたと考えられている。

北部九州に無関心だった吉備

吉備の生活に用いる土器が纏向に集まってこなかったのは、吉備勢力が河内（大阪府南東部）を重視し、ここに拠点を構えたからでもある。

また、ヤマトに集まった人びとは北部九州へ進出していったが、吉備は消極的だった。北部九州沿岸部のヤマト政権の拠点となったのは、奴国《なこく》（福岡市周辺）だ。福岡市西新町《にしじんまち》遺跡の場合、在来系土器六三パーセント、ヤマト系二五パーセント、出雲系九パーセント、吉備系一パーセント、伽耶《かや》系二パーセントで、外来系が三七パーセントを占める。だが、ここでも吉備系の土器が極端に少ない。

吉備の戦略は明確だったと思う。東海勢力が纏向に進出した最大の理由は西側からの攻撃に強い奈良盆地を押さえるためだったが、西から少し遅れてやってきた吉備は、無理に纏向に進出するのではなく、縄文時代から交流のあった河内側に拠点を構え、瀬戸内海の流通を支配し、さらに生駒、葛城山系を押さえる手に出たのではなかったか。

この山系は西側からの攻撃に強かっただけではなく、東の奈良盆地側から攻められても、高い防衛力を発揮する。この山並みを奪った者が、ヤマト内部で優位に立つ。その戦略上の拠点を先に押さえたのである。

ところで、古代最大の豪族・物部《もののべ》氏は河内が本貫地で、物部守屋《もりや》は河内の八尾《やお》市で滅ぼされるが、三世紀の八尾市周辺に拠点を構えたのが吉備だった。『日本書紀』には、神武東征以前に、ヤマトに物部氏の祖のニギハヤヒが天磐船《あまのいわふね》に乗って舞い下りたと言い、先住のナガスネビコの妹を娶《めと》って君臨していたと記録する。ニギハヤヒは吉備から東に向かった王であり、物部氏の先祖は吉備出身と思われる。

生駒山は古くは「ニギハヤヒ山」とも呼ばれていた。奈良盆地の西側の山並みを支配した吉備勢力が、ヤマト建国後、主導権を握ったに違いない。吉備で原型が造られた前方後円墳は、三百年近く造られていくが、物部守屋の滅亡とほぼ同時に消え去っていったのは、物部氏が吉備出身で、前方後円墳に深い思い入れを持っていたからだろう。

ヤマト建国の前後、ヤマト政権内部で大きな亀裂が生まれ、主導権争いが勃発する。ヤマトや山陰の多くの勢力が北部九州になだれ込んでいく中、吉備は静観し、黙々と河内の拠点作りに励んでいった。この狡猾な策が功を奏し、吉備は古墳時代の勝者となっていった。このあと瀬戸内海勢力を中心にヤマト政権は運営されていくのである。

ヤマト建国と東海、吉備の動きに注目したのは、「桃太郎」も、このヤマト建国の考古学と無縁とは思えないからなのだ。

吉備津彦が「桃太郎」のモデル？

ここで吉備津彦について考えておきたい。

『日本書紀』はヤマトの初代王を神武天皇と記録するが、史学者は「実在の初代王は第十代崇神天皇」と考え、これが定説になっている。その崇神天皇の時代に四道将軍が各地に遣わされ、その中で西国に遣わされたのが吉備津彦だった。吉備津彦は王家の出身だと『日本書紀』は言い、『古事記』は吉備津彦が吉備を平定したという。

しかし、ヤマト建国の詳細を考古学が明らかにしてみると、この『日本書紀』や『古事記』の設定に、大きな謎が浮かんでくる。征服王がヤマトに押しかけたわけではなく、ヤマト建国によって奈良盆地に強い王権が生まれたわけでもなかった。各地からヤマトに人びとが集まり、多くの文化と知恵が集められ、前方後円墳が誕生した。そして、埋葬文化を各地の首長が受け入れ、共有するゆるやかな連合体が出現したのだ。

つまり、『日本書紀』の強い王が地方に将軍を派遣し各地を平定したという設定そのものが信じがたく、また、吉備津彦はなぜ「吉備」の名を負い、吉備に遠征したのか、なぜそういう設定が必要だったのか、なぜ吉備津彦の末裔が吉備臣ではないのか。数々の疑念が浮かび上がってくるのである。

神武天皇紀（『日本書紀』）は最初ナガスネビコがヤマトに君臨していて、ニギハヤヒはナガスネビコの妹を娶ることで、ヤマトを支配するようになったと言っている。これは、東海系のナガスネビコと吉備系のニギハヤヒの大同団結を意味しているし、主導権を握ったのが吉備だったことを意味している。この様子は、考古学の示すヤマト建国とぴったり重なる。

事実ここから、吉備は大いに発展していくし、それは「ひとり勝ち」という表現がぴったり来るものだった。そう考えると「ヤマト政権が建国直後に吉備に将軍を派遣した」という『日本書紀』の設定を信じるわけにはいかなくなる。

ならば、本当に吉備津彦は「桃太郎」のモデルになったのだろうか。吉備津彦が鬼退治をしたというのなら、その「鬼」のモデルは何者なのだろうか。

ヤマト建国時にヤマト政権側から吉備に将軍が遣わされたという設定、八世紀の段階で『日本書紀』編者がヤマト建国の真相を闇に葬るために、無理矢理構築した説話ではあるまいか（そう考える理由は、おいおい語ってゆく）。

また、「吉備のニギハヤヒがヤマトで主導権を握った」のなら、なぜ「九州からやってきた神武天皇に、ニギハヤヒは王権を禅譲したのか」、という疑念も浮かんでくる。ただしこの話は浦島太郎の場面で解き明かすとして、ここでは、「吉備の吉備津彦」について考えておきたい。

たしかに、吉備津神社の伝承にも、吉備津彦が鬼征伐にやってきたとあるが、「桃太郎」のモデルは、もっと違う形で吉備に現れたのではなかったか、と思うからである。

そこでもう少し知りたいのは、吉備の歴史である。

吉備の反乱で吉備は衰退した？

話は、五世紀に勃発した吉備の反乱に移る。

ヤマト建国後五世紀半ばに至るまで、吉備は大いに栄えた。たとえば、吉備全盛期、五世紀前半から中頃にかけて、ふたつの巨大前方後円墳が造営されている。全長三五〇メートルの造山《つくりやま》古墳（岡山市）と全長二八六メートルの作山《つくりやま》古墳（総社市）で、日本全国で四番目と九番目の大きさだ。造山古墳造営とほぼ同時に造られたヤマト政権の大王《おおきみ》（天皇）の前方後円墳が造山古墳とほぼ同じ大きさだった。たったの一〇メートル差なのだ。これは、「王の権威に遠慮はしたが、実力は吉備の方が上」と誇示しているようなものだ。実際、瀬戸内海航路を支配した吉備は、絶大な力を持ち、富を蓄えていただろう。

　ところが、五世紀後半に中央集権化を目論んだ雄略《ゆうりゃく》天皇が出現し、吉備は一気に衰退したと考えられてきた。

　『日本書紀』に記された「吉備氏反乱伝承」は、次の三つだ。

（1）雄略天皇七年八月の吉備下道臣前津屋《きびのしもつみちのおみさきつや》が誅殺される話　（2）雄略天皇七年是《この》歳《とし》条の吉備上道臣田狭《たさ》の反逆　（3）雄略天皇の子の清寧《せいねい》天皇が即位する直前、星川《ほしかわの》皇子《みこ》の反乱に吉備上道臣が荷担した話だ。星川皇子の母は、吉備稚媛《きびのわかひめ》だった。

　なぜこの時期に吉備はヤマトと争ったのだろう。

四世紀末に朝鮮半島北部の高句麗《こうくり》が南下政策を採り始め、朝鮮半島南部の国々はヤマト政権に援軍を求めて来た。本来強い権力を与えられなかったヤマトの王だが、次第に東アジアで名を挙げ、さらに、遠征軍をまとめ、強く迅速な意思決定が必要となり、中央集権化が課題となっていた。河内には王家の巨大な前方後円墳が造営され、流通ルートでつながっていた各地の有力者は再編成され、軍事的な結び付きを強くしていった。中国の歴史書に登場する五世紀の「倭の五王［仁徳《にんとく》（あるいは履中《りちゅう》か応神《おうじん》）、反正《はんぜい》（あるいは仁徳）、允恭《いんぎょう》、安康《あんこう》、雄略］」の時代だ。

そして、倭の五王最後の武王（雄略天皇）が登場する。クーデターによって玉座をつかんだ雄略天皇は、旧豪族を追い詰めていった。このような過程のなかで、最大の標的は吉備だったのかもしれない。

ただし、吉備はここで衰退したわけではないとする考えがある（松木《まつぎ》武彦《たけひこ》ら）。この時代から瀬戸内海沿岸部では、前方後円墳が内陸部に造られるようになって、山陽道の重要性が高まってきた様子がみてとれるというのだ。その理由について松木武彦は「内陸のやや高燥な場所での水田開発と生産物集約の利便性や馬の利用などによって、陸路の経済的比重が増したことが要因であろう。これら内陸の大型前方後円墳およびそれを核とする階層的古墳群は、旧国規模の範囲に一か所程度の分布をみせ、地域社会を形成する集団の単位が、陸路に沿って拡大したようすをうかがわせる」（『出雲・吉備・伊予』　吉村武彦《よしむらたけひこ》　川尻秋生《かわじりあきお》　松木武彦編　角川選書）と言い、これまで考えられてきたような五世紀後半の吉備の壊滅的な没落はなかったのではないかと指摘している。考古学の物証を無視することはできない。朝鮮半島の戦乱に大軍勢を派遣する状況の中で、陸路の整備が必要になってくるということでもあろう。

『日本書紀』にあるように、雄略天皇と吉備が小競り合いを演じた可能性は高いと思う。しかし、ヤマト政権が前方後円墳体制を維持したところに、大きな意味が隠されているのではないか。すでに述べたように、吉備出身の中央豪族は物部氏で、しかも日本各地に広大な土地を所有し、古代日本最大の豪族に成長していた。物部氏こそ古墳時代の覇者であり、物部守屋が滅びた頃、前方後円墳が廃れていく事実は軽視できない。

鬼ノ城は朝鮮半島系

「桃太郎」の真相を知るために、ずいぶんと遠回りをしてしまった。吉備津神社が伝えるように、ヤマトの吉備津彦が鬼退治にやってきたのだろうか。そして百済系の鬼・温羅とは、何者なのだろう。『日本書紀』や考古学を用いて吉備について考えてきたが、どうにもすっきりとしない。

ヤマト建国後の主導権争いに勝ったのは吉備であり、六世紀末まで瀬戸内海と山陽道の流通を押さえることで、大いに富を蓄えた。ヤマト政権が力で吉備をねじ伏せることはできなかっただろう。ならば、吉備津彦の鬼退治とは、どこから浮かび上がってきた物語なのか。

ヒントを握っていたのは鬼ノ城ではあるまいか。百済の鬼・温羅がここに立てこもって暴れ回ったという。

鬼ノ城は標高三九六・六メートルの鬼城山《きのじょうさん》に展開する。一周二七九〇メートルの神《こう》籠《ご》石《いし》系山城《やまじろ》だ。版築土塁《はんちくどるい》で築かれ、部分部分に石垣や石塁が用意されている。四ヶ所に城門が備えられ、通水口のある水門跡も五ヶ所存在する。出土した遺物から七世紀後半から八世紀前半にかけて使われていたことがわかった。

この時代、鬼ノ城だけではなく、西日本各地に山城が造られた。対馬《つしま》の金田城《かなたのき》、北部九州の水城《みずき》や大野城《おおのじょう》、讃岐《さぬき》の屋嶋城《やしまのき》などだ。ヤマト政権は、白村江《はくすきのえ》の戦い（六六三）で唐と新羅《しらぎ》の連合軍にに敗れ、同盟国の百済は滅亡した。そこでヤマト政権は、百済遺民とともに、大急ぎで、必死になって防衛力を高めようとしたのだ。唐と新羅が攻め寄せれば、日本は滅亡していただろう。

　これらの山城は朝鮮式山城だが、『日本書紀』や『続日本紀《しょくにほんぎ》』に記録がない場合、神籠石系山城と呼ばれる。百済から逃れてきた大勢の百済遺民が築城の原動力になったため、朝鮮半島系の山城になったわけだ。

　余程恐ろしかったのだろう、短期間の内に、あっという間に城がいくつも誕生したのだ。吉備の鬼ノ城も、このとき造られた特別な系統の山城なのである。

　百済とヤマト政権は長い間親密な関係にあった。ヤマト政権が中国と通交するには、北部九州から壱岐《いき》、対馬を経て、朝鮮半島最南端の伽耶（六世紀半ばに新羅に併合された）を経由し、西海岸の百済を通過しなければならなかった。当然、ヤマト政権にとって百済はもっとも重要な同盟国であり、高句麗と百済が争っている時代には、何度も遠征軍を送り込んだ。だから、七世紀に百済が困窮し、滅亡の憂き目に遭い、復活を試みた段階で、ヤマト政権は遠征軍を送り込んだと多くの史学者は考える。しかし、『日本書紀』をよく読むと、これまでの常識は疑わしくなってくる。

まず第一に、七世紀前半の蘇我《そが》氏全盛期に、ヤマト政権は隋や唐、朝鮮半島の各国と友好関係を結んでいる。百済は新羅と犬猿の仲だったが、蘇我政権は新羅を重視し、さらに四世紀末から、常にいがみ合っていた高句麗も、中国に久しぶりに統一王朝が出現したことから、蘇我政権にすり寄ってきている。

　これに対し百済は蘇我政権の全方位外交を苦々しく思っていた。多くのロビイストを送り込み、親百済政権の樹立を目指していたのだ。その過程で起きた事件が乙巳《いっし》の変《へん》（六四五）の蘇我入鹿《いるか》暗殺だったと筆者はみる。中大兄皇子《なかのおおえのみこ》をそそのかした中臣《なかとみの》（藤原《ふじわらの》）鎌足《かまたり》は、日本に人質として送り込まれていた百済王子・豊璋《ほうしょう》と推理する（拙著『蘇我氏の正体』『藤原氏の正体』いずれも新潮文庫）。

　ちなみに中臣鎌足の墓・阿武山《あぶやま》古墳（大阪府高槻《たかつき》市）は、昭和九年（一九三四）に偶然みつかったが、埋葬様式は特異で、盛土がなく平らで、日本では珍しく、百済王家のものとそっくりだった。

　中大兄皇子と中臣鎌足が実権を握ったあと積極的に推し進めたのが、百済遠征だった。しかし、「負けるに決まっている」と、民衆に罵られていたし、案の定、大敗北を喫した。

このあと都を近江の大津《おおつ》（滋賀県大津市）に遷して即位した天智《てんじ》天皇に対する風当たりも強かった。そして、天智天皇崩御のあと勃発したのが壬申《じんしん》の乱（六七二）だった。親蘇我派の大海人皇子《おおあまのみこ》が数名の舎人《とねり》（下級役人）とともに東国に逃れたという報に接しただけで近江朝《おうみちょう》は浮き足だって、兵士たちの中には、東国や山中に逃亡する者が現れたという。天智天皇と中臣鎌足の失政に対する反発が強かったからだ。

そこで大友皇子《おおとものみこ》は吉備と大宰府《だざいふ》に使者を送り、出兵と加勢を命じている。ところが、吉備国守の当摩公広嶋《たぎまのきみひろしま》と筑紫大宰《つくしのおおみこともち》の栗隈王《くるくまのおおきみ》は拒否したため、当摩公広嶋は斬り殺されてしまった。

百済系遺民と百済の温羅

なぜ、大友皇子は吉備と筑紫の援軍を頼ったかといえば、最大の原因は、百済遺民が筑紫と吉備の山城に集住していたからではなかったか。彼らは天智天皇や近江朝にシンパシーを感じていただろうし、大海人皇子は親蘇我派であり、反百済派でもあったから、近江朝の勝利を望んでいただろう。だからこそ、大友皇子も、吉備や筑紫の山城に籠もっていた百済遺民を頼ったのだろう。

問題は、乱平定後の天武《てんむ》天皇（大海人皇子）の政権で、各地の山城で暮らしていた百済遺民は、完ぺきに邪魔ものになっただろうことなのだ。

『日本書紀』は藤原不比等《ふひと》の強い意志で編まれていたことがわかってきた（森博達《もりひろみち》『日本書紀成立の真実』中央公論新社）。父・中臣鎌足の正義を証明することを第一の目的にしていたから、百済の仇敵の新羅を悪し様に描き、百済に好意的だった。当然のことながら、吉備や筑紫で百済系遺民が「お荷物」になっていたとしても、これを記録することはなかっただろう。また、藤原不比等が実権を握るようになると、今度は百済系遺民は優遇されていくようになる。ただその間、吉備の古くからの住民も、百済系遺民を温かく迎えていたかというと、じつに疑わしい。

『日本書紀』が蘇我氏を悪し様に描くから、これまで中大兄皇子（天智天皇）と中臣鎌足は古代史の英雄と考えられてきたが、実態はその逆であって、天智天皇と中臣鎌足亡きあと、二人の遺志を継承した大友皇子が壬申の乱でみるも無惨に滅亡した理由は、人々が蘇我氏や親蘇我派の大海人皇子（天武天皇）を支持していたからだろう。中大兄皇子らが百済救援のために盛んに飛鳥周辺を要塞化したとき、民衆が事業を罵倒していたことは、『日本書紀』も認めている（狂心《たぶれごころ》の渠《みぞ》）。

天智天皇と中臣鎌足のコンビは、日本を滅亡の危機に追いやったのだ。蘇我政権は安定した外交戦を展開し、成果を挙げていた。すでに述べたように、かつての仇敵だった新羅や高句麗とも、友好関係を結ぶことに成功している。この平和な状態を無理矢理破壊したのが、天智天皇と中臣鎌足だった。その結果、大量の百済遺民が流入し、山城を各地に築き、壬申の乱で親蘇我派が勝利すると、今度は山城に籠もる百済遺民が、危険視されるようになったに違いない。

つまり、こういうことではなかったか。「桃太郎」には、吉備の歴史のいくつかが混じっているが、「鬼ノ城にたむろする百済の温羅」という設定は、天武政権下における、吉備の民の恐怖心と、何かしらの「征伐戦」が展開され、だからこそ吉備津神社で、温羅の首を祀ってきたのではなかったか。

やがて、親蘇我系政権は藤原不比等の台頭によって滅ぼされ、唐の脅威もなくなると、鬼ノ城は使われなくなり、その後修験者が恰好の修行の場として活用していったのだろう。

第二章

神話に登場していた浦島太郎やかぐや姫

浦島太郎は実在したと『日本書紀』はいう

江戸時代に完成した昔話「桃太郎」でさえ、その根っ子を探っていくと、ヤマト建国や古代の吉備に行き着いてしまった。「桃太郎」よりももっと古い昔話やおとぎ話ならば、さらに深い歴史が隠されているのではなかろうか。

たとえば、人口に膾炙《かいしゃ》した「浦島太郎」や『竹取物語』も、古代史と強く結びついている。

そこで、浦島太郎の話からはじめよう。

♪昔々～浦島は～、助けたカメに連れられて～♪と、だれもが口ずさんだであろう童謡がある。浦島太郎説話は、まさに、カメと海と竜宮城の話だが、この話は、信じがたいほど古くから伝わっていた。しかも「浦島太郎は実在の人」だと『日本書紀』は記録している。

『日本書紀』だけではない。浦島太郎は、古い文献に何度も登場するのだ。『丹後国風土記』逸文（『釈日本紀』巻第五）、『古事記』（仁徳記）皇后黒日売《くろひめ》嫉妬の条、『続日本紀』（巻第六）和銅《わどう》六年五月、『万葉集』（巻第九）、『水鏡《みずかがみ》』雄略天皇の条などがある。「浦島モドキ」が大勢登場するのだ。

ちなみに『水鏡』は鎌倉時代初期に記された文書だが、雄略天皇の段に、次の記事が載る。

「廿二年と申しし七月に、浦島の子蓬莱《ほうらい》へまかりにけりといふう事侍りしなり、皆人の知り給ひたる事なれば、こまかには申すべからず」

と、鎌倉時代にも、浦島太郎が有名な話で、改めて語るまでもないと、記されている。

なぜ、史書や日本を代表する歌集が、浦島太郎を大真面目に取り上げたのだろう。

そこで、まず、『日本書紀』の「実在の浦島太郎」の記事を追ってみよう。

雄略二十二年秋七月条に、つぎのようにある。

「丹波国（のちに丹後国）余社郡管川《よざのこおりつつかわ》（京都府与謝《よさ》郡伊根《いね》町の旧筒川《つつかわ》村）の水江浦《みずえのうら》島子《しまのこ》（浦島太郎）は、舟に乗って釣りをし、大亀を得た。するとたちまち女性に変じ、浦島子はこれを愛し、妻にし、ともに海に入り、蓬莱山にいたり、仙衆《ひじり》を観て回った。この話は、別巻を用意してある」

丹後半島の浦島子が、大亀とともに蓬莱山に行ったという話が、「史実」として残され、しかも「別巻（現存せず）」をわざわざ用意して、詳しく語っているという。浦島子、何者なのだ？

「浦島太郎」の話の原型は、西暦七〇〇年前後に伊預部馬養連《いよべのうまかいのむらじ》が記したという。それが『丹後国風土記』逸文の浦島太郎の話で、『日本書紀』の記事の元記事だった可能性が高い。伊預部馬養連は持統文武《じとうもんむ》朝に活躍した官人で、大宝律令《たいほうりつりょう》（七〇一）撰定にも携わっている。

また、『万葉集』にも浦島が登場していて、『日本書紀』と『丹後国風土記』逸文と『万葉集』が、浦島太郎伝説を解くための貴重な三書となっている。いずれにせよ、七世紀末から八世紀にかけて、浦島伝説が記録されていたことがわかる。

『日本書紀』と『丹後国風土記』逸文の内容で一致するのは「筒川」と「亀」なのだが、『万葉集』の場合、「筒川」は「住吉」に変化し、カメは登場しない。『日本書紀』と『万葉集』が同じで『丹後国風土記』逸文と異なるのは、浦島子の呼び方で、『丹後国風土記』逸文には「嶋子」とある。このため、『日本書紀』が『丹後国風土記』を参照したのか、あるいは他の原文が存在したのか、はっきりとわかっていない。

『丹後国風土記』逸文の浦島太郎伝説

そこで、『丹後国風土記』逸文の浦島伝説を紹介しておこう。

与謝郡日《ひ》置里《おきのさと》に筒川の村があった。この地の日下部首《くさかべのおびと》らの先祖の名を筒川の嶋子と言った。人となり容姿抜群で、風流であった。これがいわゆる水江の浦嶋の子という者だ。これは、もとの宰《みこともち》伊預部馬養連が記録したのに間違いはない。「長谷《はせ》の朝倉《あさくら》の宮に御宇《あめのしたしら》しめしし天皇の御世」、つまり、雄略天皇の時代（五世紀後期）のこと、嶋子はひとり小舟に乗って三日三晩海で釣りを続けたが魚を獲ることができなかった。ところが、五色の亀を獲たのだった。嶋子はこれを怪しみ、舟の中においてそのまま寝入ると、亀はたちまち乙女となった。その姿の美しさは類のないものであった。

嶋子は思わず尋ねた。人里はるかかなたのこの海原で、どうしてやってこられたのか、と。乙女は微笑んで、

「風流で雅な方がひとり海に浮かんでいる様を見て、親しく語り合いたいという思い

にかられ、風雲に乗ってやってきました」

と言った。嶋子は、

「風雲はどこからやってくるのでしょう」

と聞くと乙女は、

「天上《あめ》の仙《ひじり》の家です。このことは疑っておいてほしくありません。語り合い、愛しんでくださいませ」

と言った。嶋子は乙女が神女であることを知って、慎み恐れ、またその一方で、半ば疑わしいとも思ったのだった。すると、乙女は嶋子の心の内を察したのか、

「私の心は、あなたと強く長く契ろうと思うのみです。ただ、あなたがどう思われるのか、それを知りたいです」

と言うので、嶋子は、

「もう何ももうしません。なぜあなたを愛せずにおられましょう」

と言う。乙女は、

「さあ、棹《さお》をめぐらせて蓬莱山へ行きましょう」

と誘うので、嶋子がついていこうとすると、乙女は嶋子の目を閉じさせ、あっとい

う間に海の中の広く大きな島に着いたのだった。その地面は、まるで玉を敷き詰めたようで、城門は天を覆うように高く、御殿は輝き、今まで見たことも聞いたこともない見事さであった。

ふたりが手を携えて行くと、ひとつの大きな門に着いた。「ここでお待ちください」と女人はそう言い残して館に入ると、中から七人の童子が現れ、「この方は亀比売《かめひめ》の夫です」と語り合っている。また、八人の別の童子が来て、「これは亀比売の夫です」と言う。

嶋子は、はじめてかの乙女が亀比売という名であることを知ったのだった。乙女が出てきたので嶋子が童子の話をすると、乙女は、

「七人の童子は昴星《すばる》（二十八宿の星のひとつ。七つの星）で、八人の童子は畢星《あめふり》（やはり二十八宿のひとつ。八つの星）ですので、怪しまれませぬよう」

とこう言って、嶋子を館の中に導いた。乙女の父母が迎え、礼拝して座に着くと、ここで人間界と仙都《とこよ》の世界の違いを語り、人と神が偶然にも出会えたことを喜び、談笑した。食べきれないほどのご馳走が振る舞われ、兄弟姉妹が酒杯を交わし、近隣の者も加わった。神仙の歌、神仙の舞は清らかで妖艶で、人の世のそれとは比べものにな

らなかった。

話の途中だが、嶋子（浦島）は亀を助けていないことも、われわれの知る昔話の浦島とは異なる点だ。

浦島伝説の原型はすでに八世紀に固まっていた？

『丹後国風土記』の話は続く。

嶋子は日の暮れたことに気づかず、黄昏《たそが》れて、列席した人びとがようようと引き上げ、やがて女人ひとりが残った。肩を並べ、袖を交え、「夫婦《みと》の理《まぐわい》を成した」。嶋子は、故郷を忘れ、仙都で遊ぶことすでに三年を経ていた。やがて嶋子は、故郷や両親をなつかしく思い、悲嘆に暮れるようになった。

乙女が不審に思い、嶋子に問い質した。

「近ごろ、あなたの顔色をうかがうと、様子がおかしいです。あなたの気持ちを知りたいのです」

すると嶋子は答えた。

「古《いにしえ》の人が、心の弱い者は故郷を恋しがり、死期を悟った狐は生まれ育った巣穴のある丘をめざすといいます。私は今までこれを嘘と思ってきましたが、本当にその通りだと実感しているのです」

すると乙女は涙を流し、

「私の思いは、金や石のように固く、いつまでも一緒にいようと契ったのに、なぜ故郷を思い、たちまち私を捨てようとするのでしょう」

二人は悩んで徘徊《はいかい》し、語り合い、嘆き悲しんだ。そして、ついに、袂《たもと》を分かち、別れることになった。乙女の父母や親族が悲しみ見送った。乙女は玉匣《たまくしげ》（玉手箱）を嶋子に授けて、

「もし私を忘れずに再びもどってきたいと思われるならば、ゆめゆめこの玉匣を開けてみてはなりません」

という。やがて二人は別々の船に乗り、乙女は嶋子に目を閉じさせた。

気づけば、嶋子はもとの筒川の郷にいた。あたりを見渡してみると、人や風物はすっ

かり変わっていて、土地の人間は「私が聞いたのは、古老たちの伝承で、昔、水江の浦嶋子という者がいて、ひとり海に遊び、帰ってこなかった。今、三百年が経つと言います。なぜ今、それを問うのでしょう」

それを聞いた嶋子は、魂を抜かれたように歩き回ったが、ひとりとして知人に出会えなかった。十日がすぎたある日、嶋子はつい乙女がなつかしくなって、約束を忘れて玉匣を開けてしまった。するとどうだろう、若々しくて美しかった嶋子の姿は、風雲と共に空に消え失せ、たちまちにして老人のようになってしまったのである。もう二度と乙女に会えぬことを悟った嶋子は、思わず仙都を振り返ってたたずみ、むせび泣いて徘徊したのだった。


このあと『風土記』には、嶋子と神女がかわした歌が載り、さらにのちの時代の人が歌を足しているが、本文の内容と重なるので省略する。嶋子が玉くしげをあけてしまい、ふたりが会えなくなったことを、なじっている内容となっている。これが『丹後国風土記』逸文の浦島太郎伝説である。

「いじめられているカメを救った」という設定以外の話のあらすじは、ほぼ同じだ。物語の骨格は、すでに七世紀後半から八世紀にかけての段階でほぼ完成していたことがわかる。

『日本書紀』に登場する「浦島モドキ」

浦島太郎伝説は丹後半島に集中している。

たとえば丹後半島の東北の沿岸部に宇良《うら》神社が鎮座し（京都府与謝郡伊根町）、ここは筒川が日本海に流れこむ河口部に近い。祭神は浦嶋子で、浦嶋神社、浦島大明神、筒川大明神とも呼ばれている。

『丹後国風土記』逸文に記されていた「水江」は、この宇良神社から少し離れた。京都府竹野《たけの》郡網野《あみの》町の海浜部だ。このあと紹介する『万葉集』は、「浦島は墨江《すみのえ》の人」と言っているが、「墨江」は網野町の網野神社近辺の古い地名とされている。

民俗学者の山路《やまじ》興造《こうぞう》は「丹後地方の海岸部は対馬海流によって大陸と結びつきが深く、浦島子が亀に導かれて蓬莱の地（常世）に到ったという話が大陸との交渉を反映したものと考えるなら、丹後半島沿岸はまさにその伝承が生まれてしかるべき地とい

うことができる」と指摘している（『日本の神々』谷川健一《たにがわけんいち》編　白水社）

『万葉集』巻九－一七四〇の高橋連《たかはしのむらじ》虫麻呂《むしまろ》が詠った浦島太郎伝説も、掲げておきたい。題詞には「水江の浦島子を詠む一首　并せて短歌」とあり、また、乙女は「神女《かむおとめ》」と呼ばれ、さらに浦島子が死ぬ場面が、少し詳しく記されている。

「玉くしげを開くと、白雲が立ち昇り、常世の方（乙女の住む場所）の方にたなびいていったので、飛び上がり、叫び、袖を振り、のたうち回り、地団駄を踏み、あっという間に気を失ってしまった。若かった肌はしわだらけになり、黒髪は白くなり、息も絶え、死んでしまった……」

　この話が終わってから、反歌が副えられている（巻九－一七四一）

常世辺《とこよへ》に住むべきものを剣刀《つるぎたち》己《な》が心から鈍《おそ》やこの君

「常世国に住んでいればいいものを、自ら望んだとはいえ、なんと間抜けな男なのだ」という。この感想は『丹後国風土記』逸文の最後に残された歌と共通の認識だ。

　ここまでが、しっかりとした浦島太郎伝説なのだが、このほかにも「浦島モドキ」

が、歴史に登場していて、これが無視できない。天皇家の歴史にも大いにかかわりのある話だからだ。

たとえば、『日本書紀』に海幸山幸《うみさちやまさち》神話がある。天孫降臨《てんそんこうりん》を果たしたニニギ（天津彦《あまつひこ》彦火瓊瓊杵尊《ひこほのににぎのみこと》）の子の火闌降命《ほのすそりのみこと》（海幸彦《うみさちひこ》）と彦火火出見尊《ひこほほでみのみこと》（山幸彦《やまさちひこ》）の兄弟喧嘩の話だ。兄の海幸彦は隼人《はやと》の祖で、弟の山幸彦は天皇家の祖である。

兄の海幸彦と弟の山幸彦は、二人の幸を交換するため、お互いの釣り針と弓矢を貸し借りした。

ところが山幸彦は兄の釣り針をなくしてしまった。困り果て浜辺をさまよっていると、塩土老翁《しおつつのおじ》なる神に出会った。

「憂いなさいますな。あなたのために、いい方法を考えましょう」

といい、山幸彦を無目籠《まなしかたま》（目もないほど固く編んだ籠）をつくって山幸彦を乗せ、海に沈めた。すると、海神《わたつみ》の宮にたどり着いた。そこで出会ったのが海神の娘・豊玉姫《とよたまひめ》だ。

もうお気づきと思うが、山幸彦も「浦島モドキ」のひとりだ。昔話の亀は籠《かご》に、竜宮城は海神の宮に入れ替わっている。

小さな違いはあるが天皇家の祖も「浦島モドキ」

話はさらに続く。

事情を知った海神は、魚たちを集め、釣り針を探させた。すると鯛の口から出てきた。

山幸彦は豊玉姫を娶り、三年この宮に住んだ。次第に故郷を思う気持ちが募り、海神は帰郷を許し、潮満瓊《しおみちのたま》・潮涸瓊《しおひのたま》と兄を懲らしめる呪術を授けた。

豊玉姫は子どもを孕《はら》んだこと、風と波の強い日に海辺で出産するので産屋を作って待っていてほしいと告げる。

山幸彦は故郷に戻り、呪術を使って兄を懲らしめることができた。そして約束どおり、海の荒れた日、産屋を作って待っていると、はたして豊玉姫はやってきた。

「子どもを産む姿を見ないでほしい」
と念を押したが、山幸彦は思わずのぞいてしまう。すると豊玉姫は「竜」になっていた。

怒った豊玉姫は、
「もし私を辱《はずかし》めるようなことがなければ、海と陸は仲良く通い合い、隔たりなどなかったものを、どうしてこののち睦まじくできましょう」
といい、海と陸の道を閉じて去っていってしまったのである。

こののちすぐに、山幸彦は亡くなって、物語は終わる。生まれた子が神武の父・鵜《う》茅草不合尊《がやふきあえずのみこと》だ。

さて、海幸山幸神話のストーリー展開は、浦島太郎説話とそっくりなのだが、違う点もある。山幸彦が兄の釣り針をなくして困窮しているところに塩土老翁が登場して救ってくれるが、このような人物は浦島伝承には登場しない。ただ、塩土老翁の別名は住吉大神で、ここが大きな意味を持ってくるので、覚えておいてほしい。

また、塩土老翁は山幸彦を「無目籠」に乗せて海神の宮に導いたが、ここでは亀ではなく、籠に乗って海神の宮に向かっていて亀が登場しない。ただし無目籠とは水が漏れない（染みこんでこない）ように編んだ籠のことで、籠は「カゴメ（六角形の連続）」の幾何学紋様だが、この「六角形」は、亀の甲羅を連想させる。やはり、海幸山幸神話は、浦島太郎説話と重なって見えるのだ。

　ちなみに、同段第一の一書には、次の記事が載る。

老翁（塩土老翁）は袋の中の玄櫛《くろくし》（黒竹で造った櫛）をとって地面に投げつけると豊かな竹林になった。その竹を取り、大目《おおま》麁籠《あらこ》（編み目の粗い竹かご）を作り、彦火火出見尊を籠の中に入れ、海に投げ入れた。

　老翁が竹林から竹を取ってくるという話、『竹取物語』とも通じている。これは、偶然なのだろうか。

神武東征に現れた「浦島モドキ」

『日本書紀』の神武東征の場面にも、浦島モドキが登場するから不可解だ。

神武が日向《ひむか》からヤマトを目指したとき、皇族や舟軍《ふないくさ》を率いて東に向かった。速吸之《はやすいな》門《と》（九州島と四国の間にある豊予《ほうよ》海峡）にさしかかると、ひとりの漁人《あま》に出会った。小舟に乗ってやってくるので、神武は招き寄せ、「お前は何者だ」と問うと、「私は国神《くにつかみ》で名を珍彦《うずひこ》と申します。入り江で釣りをし、天神《あまつかみ》の子がいらっしゃるとうかがい、こうして迎えにあがったのです」と、答えた。また神武は、「お前は私のために先導してくれるのか」と問うと漁人は「先導いたしましょう」と述べた。神武は漁人に椎竿《しいさお》の先を渡してつかませ、皇舟《みふね》に引き入れ、水先案内人にし、特別に名を与え、椎根津彦《しいねつひこ》とした。この漁人はすなわち倭直部《やまとのあたいら》の祖である……。

この珍彦（倭直部・椎根津彦）は何者だろう。『古事記』に、そっくりな話が載り、しかもその姿格好は、浦島太郎そのものなのだ。

神武が日向を出立し瀬戸内海を東に向かっているとき、亀の甲に乗って釣りをしながら袖を振る人に、速吸之門《はやすいのと》（明石海峡《あかし》）で出逢った。呼び寄せて「お前はだれだ」と問うと、「私は国神です」と答えた。神武は「お前は海路を知っているか」と問うと、「よく知っている」と答えた。さらに、「私に従い、仕えるか」と聞くと、「仕え奉ります」と言うので、棹を差し渡し、御船に引き入れ、名を賜って槁根津日子《さおねつひこ》とした。これは、倭国造《やまとのくにのみやつこ》（『日本書紀』に言う倭直部）らの祖だ。

豊予海峡と明石海峡の違いはあるが、ふたりは同一人物だ。しかも『古事記』の方は、「釣り」「亀」と、浦島太郎とそっくりではないか。この珍彦、何者なのか。『日本書紀』神武二年条には「珍彦を倭国造にした」とある。とすれば、ヤマト土着の有力者なのだろうか。

さて、『日本書紀』の椎根津彦は、このあとも大活躍をする。その内容がおとぎ話のようで、また興味深い記事が含まれているので、少し長くなるが、紹介しておきたい。

神武は宇陀《うだ》からヤマトに入ろうとしたが、敵の軍勢が満ちあふれていて、とても勝てないだろうと思った。そこで夜、自ら祈誓《うけい》を立てて休まれた。夢の中に天神《あまつかみ》が現れ、天香具山《あまのかぐやま》の社の土を取り、天平瓮《あまのひらか》（神聖な平らな土器）八十枚と厳瓮《いつへ》（清らかな瓶）を作り天神地祇《てんじんちぎ》を敬い祀り、霊威ある呪詛《じゅそ》をすれば、自ずと敵は帰服するだろう」と言うので、神の教えを実行した。ここで、椎根津彦が登場する。襤褸《らんる》の（粗末な）衣服と蓑を着せて老夫の姿にし、弟猾《おとうかし》（宇陀の豪族）に箕《み》（穀物を入れて振るう農具。老《おう》嫗《な》を象徴する）をかぶせ、老嫗の姿にして、勅《みことのり》した。「お前たちふたりは天香具山に向かい、密かに頂の土を持ち帰ってきなさい。天つ日嗣《ひつぎ》の大業の成否は、お前たちが成功するかどうかで占うこととする。慎重に行動せよ」と告げた。

　このとき、敵の兵士は満ちあふれていて、往来は厳しかった。椎根津彦は、

「わが皇《きみ》がよくこの国を定めるべき人であるならば、この行く道は開けるだろう。もし、不可能なら、賊の兵たちが阻止するだろう」

と述べ、進んだ。すると賊兵たちはふたりの姿を見やり、大笑いし、「なんと醜い老《じじ》翁《い》と老嫗《ばばあ》だ」と語り、道をあけた。ふたりはこうして天香具山にいたり、土を採ることができた。神武は大いに喜び、その埴土《はに》を用いて、八十平瓮《やそひらか》と天手抉《あまのたくじり》八十枚《やそひら》（祭祀土器。土の中央を指でくぼめたもの）、厳瓮を造り、丹生《にう》の川上（菟田川《うだがわ》？）で天神地

祇を祀った。その菟田川で、潔斎《けっさい》をして神に祈り、水の泡が浮かんで消えるように、天手抉八十枚に敵の命運を呪い、浮かべ、沈ませた。神武はさらに祈り、

「私は今、八十平瓮を使って水なしで飴《たがね》（水団のような食べ物？）をつくろう。もし飴ができれば、武力を用いずに、居ながらに天下を平定できるだろう」

こう述べられて、飴を作られた。また、祈誓をして、

「私は今、厳瓮を丹生川（菟田川）に沈める。もし魚たちがみな酔って流れるさまが、柀《まき》の葉が浮いて流れるようであれば、私は必ずこの国を治めることができるだろう。できなければ、すべて失敗するだろう」

そうおっしゃって、厳瓮を川に沈めると、厳瓮の口は下を向き、魚が浮き上がり、流れ漂い、口をパクパクさせた。これを見て椎根津彦は神武に奏上した。神武は喜び、丹生川の上流に茂った五百箇真坂樹《いおつまさかき》（枝のよく茂った榊《さかき》）を根っ子から引き抜き、諸々の神を祀った……。

神武天皇の話はまだ続くが、椎根津彦の活躍は、ここまでだ。

ぼろをまとった椎根津彦は鬼？

神武はこのあと「高皇産霊尊《たかみむすひのみこと》の神霊の憑人《よりまし》になって祀りを執り行った」とのべているが高皇産霊尊についても、補足しておかなくてはならない。

高皇産霊尊は『日本書紀』神代上第一段一書第四に登場する神だ。

「天地がはじめて分かれたとき、はじめに生まれた神がある。国常立尊《くにとこたちのみこと》、国狭槌尊《くにのさつちのみこと》だ。または（別の説があるということになる）、高天原《たかまのはら》に生まれた神をなづけて天御中《あまのみなか》主尊《ぬしのみこと》と言い、つぎに高皇産霊尊（皇産霊は、神聖な生成の霊力）、次に神皇産霊尊《かみむすひのみこと》」とある。ちなみに、『日本書紀』と『古事記』を比べると、最初に登場する神にバラツキがある。

また『日本書紀』の神話は、「一書～」の形で、異伝が多く、神武に憑依した高皇産霊尊は、そのような多くの「原初の神々の中の一柱」にすぎないのだが、のちに高皇産霊尊が天孫降臨をしかけ、高皇産霊尊と天照大神《あまてらすおおみかみ》のふたりのそれぞれの子が結ばれ、生まれ落ちたニニギ（天津彦彦火瓊瓊杵尊）が天上界から地上界に舞い下りていく。この『日本書紀』の設定は、七世紀後半の王家の姿を映したものと考えられていて、天照大神は持統天皇に、高皇産霊尊は藤原不比等と重なって見えると指摘されている（上山春平《うえやましゅんぺい》『続・神々の体系』中公新書）。

『日本書紀』が天香具山祭祀の場面で高皇産霊尊を登場させ神武をコントロールするかのように記しているのは、高皇産霊尊＝藤原不比等と天照大神＝持統天皇の生み出した七世紀後半の王統の正統性を証明するためと思われるが、この話題はのちにふたたび触れる。

ここで注目したいのは、天香具山の土を取りに行った椎根津彦が襤褸だけではなく簑笠《みのかさ》を着せられ、弟猾は箕をかぶせられていることなのだ。簑笠や箕を身に着けた者は、「鬼」とみなされるようになって行くのだから、この格好の中に椎根津彦の正体を知るためのヒントが隠されていたはずである。その理由を、ここで説明しておこう。

多神教世界の住民にとって、「神」は大自然そのものであり、火山の爆発や地震、雷、嵐などの自然災害に人間は苦しめられるのだから、「神」の本質は、荒々しい人間の力では太刀打ちできない恐ろしい「祟る鬼」なのだ。しかし、鬼も丁重に祀れば、恵みをもたらす力を発揮する「神」に変身する。「神と鬼」は、対立する概念ではなく、表裏一体となっていたのだ。

また、アニミズム的な発想から、霊や神や魂や精霊は「物」に宿ると信じられていた。樹木や石や山や太陽や風、森羅万象に神は宿る。つまり、「物に霊は宿る」ことから、「鬼」は「モノ」と呼ばれていた。もちろん、この「祟る鬼＝モノ」を丁重に祀れば、「幸をもたらす神」に変化する。

ところが八世紀に『日本書紀』が編纂された頃から、「鬼」は「神」と分離され、零落していく。神話の中で、「正しい天照大神」と、「荒々しく賤しいスサノヲ」が分かりやすく配置された。また神話の中で天上界を追放されたスサノヲは、簑笠を着て神々に宿を乞うたが、「穢れている」と、排斥されている。

簑笠を着て「身を隠す」ことが、「鬼」に通じていく瞬間だ。恐ろしい「霊」や「幽霊」は目に見えない。姿を隠している。そこで、簑笠は鬼を表す小道具となり、「モノ」と呼ばれていた「鬼」は、身を隠すの「隠」の「イン」「オン」から音韻変化して「オニ」と呼ばれるようになったのだ。

つまり、「浦島モドキ」の椎根津彦（珍彦）は、神武天皇のヤマト入りに尽力しながら、簑笠を着せられ、賊兵にさえ蔑《さげす》まれ、賤しい者、鬼の役目を担わされたわけである。ここに、モヤモヤとした謎を感じずにはいられない。椎根津彦は、浦島太郎にそっくりで、神武東征に大活躍していたのに、なぜ『日本書紀』は、鬼あつかいしてしまったのだろう。

椎根津彦と祟る恐ろしい神

「浦島モドキ」の椎根津彦、正体不明だが、どうしても気になるので、もう少し補足しておきたい。

まず第一点は、神武東征の功を認められ、倭国造（ヤマトの地域の長）に任命されたことだ。さらに、第十代崇神天皇を困らせた神を、倭国造が祀るようになった。その理由を、『日本書紀』の記事から追ってみよう。

実在の初代王（ヤマト建国時の王）と目されている第十代崇神天皇の五年のことだ。国内に疫病が蔓延し、人口の過半数が亡くなってしまった。崇神六年、百姓《おおみたから》は流浪し、背く者も現れた。天皇の徳をもってしてもおさえることはできなかった。そこで天皇は天神地祇に謝罪し許しを請うた。

これより先に、天照大神と倭大国魂《やまとのおおくにたま》（日本大国魂）の二柱を天皇の御殿の中でお祀りしていたが、二柱の神威を恐れ、神と共に暮らすことが不安になった。そこで天照大神を豊耜入姫命《とよすきいりびめのみこと》（崇神天皇と紀国《きのくに》の女性から生まれた娘）に託し、倭の笠縫邑《かさぬいのむら》（桜井市の檜原《ひばら》神社か）に祀り、磯堅城《しかたき》（堅固な）の神籬《ひもろぎ》（神の宿る森。神域）を造った。また、日本大国魂を渟名城入姫命《ぬなきのいりひめのみこと》（崇神天皇と尾張《おわり》系の女性の間に生まれた娘）に託して、祀らせた。ところが渟名城入姫命は髪が抜け落ち、体は痩せてしまって、祀ることができなくなってしまった。

このあと、崇神七年春二月に大物主神《おおものぬしのかみ》の祟りの話が続き、さらに、秋八月、託宣があって、「大物主神は子の大田田根子《おおたたねこ》に、倭大国魂神は市磯長尾市《いちしのながおち》（十市《とおいち》郡に住む倭直の祖）を祀る神主とすれば、必ず天下は太平になる」と告げたので、その通り実行すると、国内に猛威を振るっていた疫病は止み、静かになり、五穀も実り、百姓は豊かになった……。

ただし、話はこれで終わらない。

第十一代垂仁天皇の二十五年三月に、天照大神が豊耜入姫命から離され、倭姫命《やまとひめのみこと》（垂仁天皇と丹波系の女性から生まれた娘）に託された。倭姫命は大神を祀る場所を求めて宇陀、近江、美濃をめぐって伊勢にたどり着いた。ここで天照大神が倭姫命に、

「この神風の伊勢国は、すなわち常世の波がくり返し打ち寄せる地だ。大和から隔たった美しい国である。ここにいたい」

と言うので、祠《ほこら》を伊勢国に建て、斎王宮を五十鈴川《いすずがわ》のほとりに建てた。これを磯宮《いそのみや》という。このように、伊勢国は天照大神が初めて天から降臨された場所である……。

これには異伝が載っていて、そこで天照大神だけではなく、倭大神《やまとのおおかみ》（倭［日本］大国魂神）が登場する。まず、倭姫命が「御杖《みつえ》（神の依代）」となって天照大神を伊勢国に遷し祀ったことが記され、そのあとに次の記事が続く。崇神天皇は何も分からずに祀りをしたという、とても不思議な記事だ。

このとき、倭大神が穂積臣《ほづみおみ》の遠祖に神がかりし、次のように語った。

「天地開闢の直前の物事の始まりのとき、約束して、天照大神は天上界を治め、皇《すめ》御《み》

孫尊《まのみこと》（代々の天皇）はもっぱら葦原中国《あしはらのなかつくに》の天神地祇を治め、私は自ら大地官《おおつちつかさ》（国を守る主）を治めるよう（国魂の神になる）仰せられた。これはすでに決まったことだ。しかし先帝の崇神天皇は、天神地祇は祀られたが、根源まで探られず、枝葉のところでやめてしまわれたために、短命だった。だから現天皇であるあなたは、同じ轍《てつ》を踏まず、謹み祀られるならば、あなたは長寿となり、天下も太平となるだろう」

そこで垂仁天皇は中臣連《なかとみのむらじ》の祖に大倭大神（倭大国魂神）をだれに祀らせればよいかを占わせ、渟名城稚姫命《ぬなきわかひめのみこと》の名があがった。そこで渟名城稚姫命に命じて穴磯邑《あなしのむら》（桜井市穴師《あなし》）を神田とし大市《おおち》の長岡岬（桜井市北部）に祠を建てた。ところがこの渟名城稚姫命はやせて衰弱し、祀ることができなかった。そこで、大倭直《やまとのあたい》の祖・長尾市宿禰《ながおちのすくね》に命じて祀らせることにした。

この話、どうにも気になる。倭大国魂神は、崇神天皇のやり方に不満があったようだ。また、ここで大倭直の祖の長尾市宿禰が倭大国魂神を祀ることになって、ようやく話は一段落する。その「大倭直」の御先祖様が、神武天皇の目の前に現れた「浦島モドキ（椎根津日子）」「浦島そっくりさん」だったから、無視できないのである。

椎根津彦は海の民なのになぜ内陸部の国造に任ぜられたのか

ところで、大倭直が祀る倭大国魂神は、現在大和《おおやまと》神社（天理市新泉《にいずみ》町）に鎮座する。ただ、最初に祀られた「大市の長岡岬」は、現地からみて東方の長岳寺《ちょうがくじ》付近と考えられている。長岳寺は天理市柳本町上長岡《かみながおか》にあって「長岡」の地名から「長岳」が生まれた可能性が高い。ちなみに長岳寺は九世紀に大和神社の神宮寺として創建されている。大和神社がもともと神宮寺のそばにあったと考えるのが自然だ（神宮寺＝長岳寺が大和神社の近くに建てられた、と言い直すべきか）。

ちなみに、戦艦大和の「大和」は、この大和神社の「大和」で、旧大和国の御魂を、戦艦に勧請している（戦艦大和と浦島太郎にも接点があった？）。

意外に知られていないが、大和神社は式内名神大社で、長い歴史をもつ。持統六年（六九二）五月には、藤原宮地を定めるにあたり、伊勢、住吉、紀伊、菟名足《うなたり》の各神社とともに、朝廷から奉幣を受けている。当時の五本の指に入っていたわけだ。天平《てんぴょう》勝宝《しょうほう》元年（七四九）には、伊勢神宮につぐ神戸《かんべ》を保有していた。寛平《かんぴょう》九年（八九七）

には正一位を受け、伊勢神宮につぐ扱いを受けていたのである。

椎根津彦は謎めく。「浦島モドキ」というだけではなく、ヤマト建国前後の大切な場面に登場しているのはなぜだろう。

謎を解くヒントは「海峡」かもしれない。

瀬戸内海の東西の出入口は、四ヶ所すべてが海峡で、潮をポンプのように押しやる役目を果たす。その瀬戸内海の海峡で椎根津彦が神武を迎え、水先案内人になったということは、この人物が「海の民」だったことを示している。ならば、海の椎根津彦が、なぜ内陸部の倭国造に任ぜられたのだろう。

興味深いのは、丹後半島の付け根の海部《あまべ》宮司《ぐうじ》家が神職を務めてきた籠《この》神社（京都府宮津《みやづ》市。丹後国一宮）だ。彦火明命《ひこほあかりのみこと》を祀る。無視できないのはその伝承で、椎根津彦は彦火明命の第四代と伝わり、境内には、亀にまたがった倭宿禰《やまとのすくね》のブロンズ像が観光客の目を引く。

この彦火明命の子が天香語《あまのかご》（具）山命《やまのみこと》なのだが、『日本書紀』には、天忍穂根尊《あまのおしほねのみこと》（天照大神の子・正哉吾勝勝速日《まさかあかつかちはやひ》天忍穂耳尊《あまのおしほみみのみこと》）の子が天津彦彦火瓊瓊杵尊と天火明命《あまのほあかりのみこと》で、天火明命の子の天香山は「尾張連の遠祖」とある。つまり、『日本書紀』の系譜を信じれば、籠神社の神職を務める海部氏は、尾張系だったことになる。

また、『丹後国風土記』は伊預部馬養連によって記されたが、「伊預部連」の祖も天火明命で、伊預部馬養連は尾張氏系なのだ。

ここでにわかに、浦島太郎と尾張氏の関係が気になってくる。第一章で触れたように、ヤマト建国のきっかけを作ったのが東海勢力であり、この事実を『日本書紀』はほとんど抹殺している。

とすると、「浦島モドキ」の椎根津彦も尾張系なのだろうか。籠神社の伝承が正しければ、『日本書紀』はあえて椎根津彦と尾張氏の関係を無視したことになる。

ホケノ山古墳の謎

ここで、考古学が面白い事実を突きつけている。

それは奈良県桜井市のホケノ山古墳のことで、纏向《まきむく》遺跡の箸墓《はしはか》の北東側に位置する全長八〇メートルの前方後円墳だ。箸墓よりもやや早い時期か、ほぼ同時期に造られたと思われる。

ホケノ山古墳の特徴のひとつに「石囲い木槨《もっかく》」があって、四国の北東側、讃岐や阿波から伝播したものと思われる。周辺の前後の古墳に、この石囲い木槨は存在しないため、石野《いしの》博信《ひろのぶ》は埋葬施設を重視すれば、ホケノ山古墳の被葬者は讃岐か阿波出身ではないかと推理している（『邪馬台国と古墳』学生社）。

しかし、話はそれほど単純ではなさそうだ。ホケノ山古墳や周辺の古墳には他の地域の文化も重なっていて、これを軽視することはできない。

同じ纏向に全長八〇メートルの前方後円墳・東田《ひがいだ》大塚《おおつか》古墳があって、土器棺の身の壺部分は伊予（愛媛県）の土器で、蓋の部分は尾張・伊勢系の土器だ。こちらは東海系＋西瀬戸内の異なる地域の文化が混じっている。

箸墓の後円部の墳頂部に弥生時代後期に吉備で発案された特殊器台・壺と、そこから派生した埴輪が立てられていたことはよく知られているが、前方部には、尾張系の二重口縁壺の埴輪が並んでいたことは、あまり注目されていない。また、墳丘に敷きつめられた葺石は四国東部の積石塚とよく似ているという指摘がある。

このように、前方後円墳には多くの地域の埋葬文化が寄せ集められていたわけだが、千賀《ちが》久《ひさし》は、箸墓よりも若干早く造られたホケノ山古墳には、東海圏で造られた朱塗りの壺が墳丘上に並べられていると指摘した。やはりこちらも東海系がからんでいる。また、石囲い木槨は、中国に起源が求められ、朝鮮半島南部にもつながる埋葬文化だと指摘している（『ヤマト王権のあけぼの　史話日本の古代三』上田《うえだ》正昭《まさあき》編　作品社）。

　この外来の埋葬文化（石囲い木槨）は、瀬戸内海の四国東北部に定着し、ここを経由してヤマトにもたらされたのであって、四国北東部のオリジナルではないだろうし、この物証だけでホケノ山古墳の被葬者を四国北東部の出身と考えることはできない。

　それよりも注目したいのは、ホケノ山古墳のくびれ部に、西部瀬戸内（伊予や豊後《ぶんご》。愛媛県と大分県）系の壺棺がみつかっていたことだ。東海勢力が四国北東部のみならず、伊予や豊後勢力と接点があったことがわかる。

　この事実は、無視できない。と言うのも、神武東征で登場した「浦島モドキ」の椎根津彦は倭直部の祖で、倭直部はヤマト（倭）の国造に任ぜられるが、その「ヤマト」は、東海勢力が地盤を築いたいわゆる「おおやまと」の地域が中心であり、丹後半島の籠神社は、尾張氏の祖の彦火明命の末裔が椎根津彦だったと言っている。つまり、椎根津彦は尾張系で、四国北東部とほど近い明石海峡と、ホケノ山に壺棺をもたらした伊予と豊後地域の豊予海峡の二ヶ所で、神武天皇を待ち構えていたわけだ。とすれば、三世紀初頭の東海勢力は、ヤマトのオオヤマトに乗り込んだあと、北部九州に進出するだけではなく、四国から豊後に到るいわゆる「南海道」の海域を支配下に置こうと考え、それが、椎根津彦の物語につながっていった可能性を、疑っておきたい。

海の民の阿曇氏がなぜ内陸部に暮らしていたのか

「浦島モドキ」は、この他にも存在する。日本を代表する海の民「阿曇氏《あずみし》」にまつわる話だ。彼らの祖もまた、「浦島モドキ」なのだ。

東日本の人間にとって、「阿曇」と言えば、安曇野《あずみの》（長野県安曇野市）を思い浮かべるのではなかろうか。広大なワサビ畑が広がる（大王わさび農場）。観光地として知られている。

周辺には八面大王《はちめんだいおう》（魏石鬼《ぎしき》）の伝説が残っている。平安時代、坂上田村麻呂《さかのうえのたむらまろ》が蝦夷《えみし》征討《せいとう》に向かったとき、ここを通過した。土着の大王（首長）は話し合いを望んだが、朝廷軍は容赦しなかったため、やむなく蜂起した。この結果、大王の一族は敗れ、坂上田村麻呂は大王の体を切り刻み、塚を造って埋めた。地元の人びとは大王の徳を慕い称え、今でも手篤く祀っている。大王わさび農場の中央に高台があって、ここに大王《だいおう》神社が鎮座する。大王の遺骸を埋めた場所だという。

また、八世紀末に出現した盗賊団がお面を被っていたために八面大王と呼ぶという話も残されている。何が真相であるかは、判断しかねる。

安曇野を代表する穂高《ほたか》神社にも、八面大王の伝承は残されているが、ここで注目したいのは、穂高神社と阿曇（安曇）氏のことだ。

穂高神社の奥宮は前穂高岳の南麓に鎮座する。祖神が日本アルプスの中心部（穂高連峰）に降臨し、穂高神社は祖神を迎え祀る斎場と位置づけられていた。主祭神は穂《ほ》高見命《たかみのみこと》で、綿津見命《わたつみのみこと》と瓊瓊杵尊を祀る。綿津見命の子が穂高見命で、阿曇氏の祖神でもある。

阿曇氏は海部の伴造《とものみやつこ》で、日本を代表する海の民だった。出身地は筑前国糟屋《ちくぜんのくにかすや》郡阿曇郷（福岡県福岡市東部）で、「魏志倭人伝《ぎしわじんでん》」に記録された奴国《なこく》の一帯である。

『日本書紀』の神代上第五段一書第六に、次の説話が残る。

イザナキが黄泉国のイザナミの元から逃れてきて、筑紫の日向《ひむか》の小戸《おど》の橘《たちばな》の檍原《あわきはら》で身の穢れを濯《すす》ぎ、払った。このとき生まれた神は多く、その中に底津少童命《そこつわたつみのみこと》・中津《なかつ》少《わた》童命《つみのみこと》・表津《うわつ》少童命《わたつみのみこと》の三柱の海の神がいて、阿曇連等の祖だったとある。『新撰姓氏録《しんせんしょうじろく》』には、海の神綿積豊玉彦《わたつみとよたまひこ》神の子が穂高見命とあり、その末裔が阿曇氏とある。応神天皇の時代、海人が騒ぎを起こしたため、阿曇連の祖の大浜宿禰《おおはまのすくね》を遣わし、鎮めさせたとあり、大浜宿禰を「海人《あま》之《の》宰《みこともち》（海の民を統率する人）」に任命されたとある。その後も、推古《すいこ》朝や天智朝の段階で、活躍を見せている。

安曇野は交通の要衝

阿曇の「浦島モドキ」を知るために、少し遠回りをしている。

阿曇氏の祖は弥生時代後期の奴国王だった可能性が高い。『後漢書《ごかんじょ》』倭伝《わでん》には、建武《けんむ》中元《ちゅうげん》二年（五七）、倭の奴国の使者（大夫《たいふ》）が首都洛陽《らくよう》にやってきて貢物をささげて朝賀したとある。光武帝《こうぶてい》は印綬を賜り、それが志賀島《しかのしま》（福岡市）で江戸時代にみつかった「漢委奴国王《かんのわのなのこくおう》」が刻まれた金印《きんいん》である。海の民・阿曇氏は、各地に広大なネットワークを拡げていた。その中のひとつが、長野県の安曇野だったわけだ。

信濃国《しなののくに》安曇郡の阿曇氏が初めて記録に残ったのは天平宝字《てんぴょうほうじ》八年（七六四）のことだ

が、移住してきたのは、六世紀のことではないかと考えられている。

それにしても、なぜ海の民が日本アルプスの麓に進出していたのか、諸説あって定かではないが、ひとつ言えるのは、「抜群の地の利」に、阿曇氏は着目したのだろう。海の民は交易の民でもあり、塩も含む海の幸を内陸部に持ち込んでいた可能性は高く、さらに、船を造るためにはまっすぐ伸びた大木を必要とする。当然、山の民とつながっていただろう。

そして、安曇野市の地理に注目すると、興味深い事実が浮かび上がってくる。松本《まつもと》市から新潟県の糸魚川《いといがわ》市に向かって大糸《おおいと》線が走っているため、阿曇氏はこのルートを重視していたのではないかと考えがちだ。

一方安曇野のすぐ近く、松本から長野に向かう篠ノ井《しののい》線はスウィッチバックをするほどの峠を越えていくから、海の民の阿曇氏はこのルートを選択しないと想像してしまう。しかしこれは、地理の盲点で、姫川《ひめかわ》の源流は安曇野のはるか北側で途切れてしまうし、かたや松本と安曇野を流れる梓川《あずさがわ》は、直接長野市に流れこみ（鉄道は峠を越えるが）、信濃川と合流して日本海に流れこんでいる。おそらく、阿曇氏は信濃川をさかのぼって安曇野にやってきたのだろうし、あるいは、東山道という陸路を選択することもあっただろう。

七世紀後半に天武天皇は松本市内に副都を造ろうと画策したが、東山道は都から松本を通り、北関東に向かう。松本は流通の要衝であり、安曇野も、現代人が想像する以上に、重要な土地だった。

海の民は漁だけではなく、交易も生業にしていたから、内陸部の交通の要に進出していたのである。

そこでいよいよ、阿曇の「浦島モドキ」の話をしよう。

阿曇の磯良丸は「浦島モドキ」

福岡市の志賀島には志賀海《しかうみ》神社が鎮座し、志賀海神社本殿の左側の今宮《いまみや》神社に阿曇連の祖・穂高見神（穂高見命）と安曇磯良神《あずみのいそらのかみ》（磯良丸《いそらまる》）が祀られる。阿曇氏が祀ってきたが、神社の入口には大量の鹿の角が奉納されている。縄文時代から海の民は釣り針を動物の角で造っていたから、鹿の角は貴重な素材だったのだろう。海の民は、大海原を自在に往き来し、木材だけではなくその他の資源を求めて内陸部にもネットワークを拡げていたことがわかる。

阿曇氏の拠点は奴国だが、朝鮮半島との往き来に対馬《つしま》（長崎県対馬市）を利用した。その対馬には、和多都美《わたづみ》神社（豊玉《とよたま》町）と海神《わたつみ》神社（峰《みね》町）が鎮座し、阿曇氏の太古の信仰の名残を垣間見ることができる。

ここは豊玉彦命《とよたまひこのみこと》（海神）の宮で、三人の子がいたという。男子は穂高見命で、娘は豊玉姫命と玉依姫命《たまよりひめのみこと》だ。豊玉姫は『日本書紀』にも登場する。海幸山幸神話の山幸彦（彦火火出見尊）と結ばれて彦波瀲武鸕鷀草葺不合尊《ひこなぎさたけうがやふきあえずのみこと》を生み、さらに彦波瀲武鸕鷀草葺不合尊と玉依姫の間の子が、神日本磐余彦《かむやまといわれびこ》（神武天皇）だ。

この神社伝承を信じれば、海幸山幸神話に登場する海神の宮は、対馬だったことになる。しかも、阿曇氏と天皇家の古い関係がここに残っていたことになる。

ところで、和多都美神社が鎮座する社前の遠浅の渚に、三柱鳥居《みはしらとりい》に守られるように、霊石が置かれている。それが「磯良エビス」と呼ばれるもので、亀の甲羅にも見えるウロコのような亀裂が入った奇妙な石だ。「亀の甲羅」から連想するのは、浦島太郎ではないか。阿曇氏の話を続けてきたのも、「磯良エビス」、「浦島モドキ」とつながっていたからだ。

この和多都美神社の「磯良エビス」は伝説上の阿曇氏の祖・安曇磯良丸の墓とされているが、磯良丸は『日本書紀』には登場しない。ただし、神功皇后《じんぐうこうごう》と手を組み、新羅《しらぎ》征討を敢行した人物と語り継がれている。

鎌倉時代末期に編まれた『宗像大菩薩御縁起《むなかただいぼさつごえんぎ》』に、磯良丸が登場する。

神功皇后と武内《たけのうちの》宿禰が新羅征討に向かうときの話だ。新羅攻めの策をあれこれ考えているとき、志賀嶋明神の影向《ようごう》した（人の姿に身をやつした）磯良丸、姓は安曇（阿曇）という者が時々陸地にやってきていた。武内宿禰が、「磯良丸は水陸自在の賢人だからこれを迎え入れよう」と進言し、勅命が下ったが、磯良丸は姿を隠し、なかなか姿を現さなかった。そこで武内宿禰は一計を案じ、神代の昔に天岩戸で行った神楽《かぐら》をやってみてはどうかと提案した。さっそく志賀島の浜で宴が開かれ、八人の乙女が袖を翻《ひるがえ》して舞った。すると亀に乗った童形の磯良丸が現れた。貝や虫がこびりつき、顔は醜く、その姿ゆえに、表に出たくなかったという。

この後磯良丸は知恵をめぐらせ熊襲《くまそ》退治を行い、さらに四十八隻の船を与えられ、水軍の舵取りを命じられたのである。

亀に乗ったみにくい子が、磯良丸であり、やはりこの男は「浦島モドキ」なのだ。

無視できないのは磯良丸の前で天の岩戸神話が再現されたことであり、磯良丸を太陽神扱いしている。海の民が祀る太陽神・アマテルを意識しているのであろう。

ちなみに、磯良丸にはモデルが存在したようで、『日本書紀』仲哀《ちゅうあい》天皇九年九月条（神功皇后摂政前紀）の新羅征討の場面で、神功皇后は磯鹿《しか》（志賀島）の海人・名草《なくさ》なる者を朝鮮半島にさし向け、新羅国が実在するかどうか確かめさせている。この志賀島の名草が、磯良丸のモデルであろう。

興味深いのは、海幸山幸神話の中で、山幸彦は海神の宮で豊玉姫と結ばれるが、この女神は綿津見神の娘で、要は阿曇系だったことだ。

そして、豊玉姫の孫が神武天皇で、神武天皇は豊予海峡（あるいは明石海峡）で、「浦島モドキ（珍彦）」に出逢うのだから、なにやら天皇家の古い歴史は、「浦島モドキ」だらけになってきてしまった。これはいったいどういうことなのか。

カグヤヒメは実在の人物？

さて、「浦島太郎」の謎解きは後回しにして、話は『竹取物語』（かぐや姫の物語）に移ろうと思う。「浦島太郎」も『竹取物語』も、なぜか古代史と密接につながっていた事実を、まず確認しておきたいのだ。

『竹取物語』はただの昔話ではない。ジブリ映画のような牧歌的な話でもない。『源氏《げんじ》物語《ものがたり》』を記した紫式部《むらさきしきぶ》は『竹取物語』について、「物語の出《い》で来《き》はじめの祖」と称えているほど、貴重な話なのだ。ただ、なぜか、こちらにも歴史書に同名の女性が登場するし、そっくりな話も存在するから、謎めくのである。

『竹取物語』は平安初期に完成しているが、作者がわかっていない。ただ、物語のクライマックスでかぐや姫を迎えに来た月の都の天人はかぐや姫に向かって、

「いざ、かぐや姫。穢《きたな》き所にいかでか久しくおはせむ（さあ、かぐや姫、こんな穢れた世の中に、長居は無用です）」

と語りかけている。藤原氏がひとり勝ちし、独裁権力を握りつつあったこの時代を

辛らつに批判しているのが、『竹取物語』なのである。

そこでまず注目しておきたいのは、迦具夜比売命《かぐやひめのみこと》という名の人物が歴史に登場していた話からである。

『古事記』には、第九代開化《かいか》天皇（欠史八代のひとり）が旦波《たには》（丹波）の大県主《おおあがたぬし》の娘の竹野《たかの》比売《ひめ》を娶り、比古由牟須美命《ひこゆむすみのみこと》が生まれたとある。そして比古由牟須美命の子が大筒木《おおつつき》垂根王《たりねのおおきみ》で、その娘が迦具夜比売命とある。かぐや姫と同じ名だ。

そしてこの迦具夜比売命が、ヤマト建国黎明《れいめい》期（第十一代垂仁天皇の時代）の無視できない問題を抱えている。

そこで、『日本書紀』の記事を追ってみよう。話はカグヤヒメとはまったく関係のないように見える謀反事件のことだ。

垂仁四年の秋九月、皇后狭穂姫《さほびめ》の兄・狭穂彦王《さほひこのみこ》が謀反を企て、妹を誘い込もうとした。

「兄と夫のどっちが大切なのだ」

という狭穂彦王の理不尽な言葉に躊躇する狭穂姫であったが、翌五年冬十月、眠っている天皇の前で、迷いに迷い、つい涙をこぼし、涙が天皇の顔にしたたり、目を覚ました天皇は、「狭穂（佐保、奈良市北部）の方角から雨が降ってくる夢をみた」と述べられ、狭穂姫が白状し、ことの経緯は発覚してしまった。

天皇は狭穂姫のせいではないと許すが、兵を挙げて狭穂彦王を討伐した。

応戦する狭穂彦王は、稲を積んで城を造り（稲城《いなき》）、抵抗した。防禦が堅く、なかなか破ることができなかった。

　狭穂姫はこの様子を見て、

「私は皇后であるけれども、このような形で兄を失っては、面目が立ちません」

そういって、皇子《みこ》・誉津別命《ほむつわけのみこと》を抱いて、稲城に飛び込んでいってしまったのだ。

天皇は城の中に向かって説得するが、二人は出てこなかった。そこで火をかけると、

狭穂姫が出てきて、天皇にわび、御恩は忘れないと言い残し、炎の中に帰っていった。

こうして狭穂彦王と狭穂姫は、滅亡した。ただし、皇子は助かった。

　問題は狭穂姫が最後の場面で、不思議な要求をしていたこと、それを天皇があっさり受け入れたことだ。「丹波国に五人の婦人がおります。志はみな貞潔です。丹波道《たにわのち》主王《ぬしのおおきみ》の娘たちです」と申し上げ、キサキとして取り立てるよう求めた。天皇はこれを聞き入れたとある。また分注に、「道主王は開化天皇の子孫、彦坐王《ひこいますのみこ》の子で、一説

に彦《ひこ》湯《ゆ》産《む》隅王《すみのみこ》の子という」とある。

なぜ垂仁天皇の後宮がタニハ一色になったのか

ややこしい人脈が記録されているが、このあと、何が問題なのか、説明する。

『日本書紀』に狭穂姫が亡くなったあとの垂仁天皇の后妃の記述が残り、垂仁十五年春二月十日条に「丹波の五人の女性を召し入れた」とあり、その中から日《ひ》葉《ば》酢《す》媛命《ひめのみこと》が皇后に立てられたとある。さらに垂仁三十四年春三月条には、垂仁天皇が山背《やましろ》（山城）に行幸し、評判の美女を娶ったとある。垂仁天皇はヤマトの北側、山城からタニハに続く地域の女性たちを大量に後宮に受け入れたわけだ。

『日本書紀』は「道主王は彦坐王の子かもしれない」と記していたが、『古事記』は、狭穂彦王・狭穂姫は日子《ひこ》坐王《いますのみこ》（彦坐王）の子と記している。『古事記』を信じれば、狭穂姫は故郷の同じ父から生まれた女性たちを天皇に推挙し、垂仁天皇の後宮はタニハの女性で溢れかえったことになる。これはいったい、何を意味しているのだろう。

狭穂彦王と狭穂姫の「サホ」は奈良市佐保の地名だ。奈良盆地の北側の隅に拠点を作っていたのは、近江勢力で、近江とタニハは非常に近しい関係で、しかも日子坐王はこのあと触れるように、タニハとも強い絆で結ばれていたのだから、狭穂彦と狭穂姫の背後でタニハ勢力が暗躍していた可能性も否定できないのに、なぜ天皇は謀反人の要求を受け入れ、タニハの女性たちを受け入れたのだろう。理解しがたい事態だ。

ちなみに、『古事記』の崇神天皇の段に、四道将軍が各地に派遣されたとあり、日子坐王は旦波国（丹波）に遣わしたとある。『日本書紀』によれば、彦坐王の子の丹波道主命が丹波に遣わされたとある。いずれにせよ、「ヒコイマス」はタニハにかかわりを持った人脈だったことは間違いない。

それだけではない。竹野媛《たかのひめ》問題がある。例のタニハの五人の娘の中に、竹野媛がいた（『日本書紀』）。ところが、容姿が気に入らず、帰された。竹野媛は恥じて、葛野《かどの》（京都市右京区）で、自ら輿《こし》から「落ちて」亡くなった。そこでこの地域は「弟国《おとくに》」と呼ぶようになった。この話が本当で『古事記』の竹野比売と『日本書紀』の竹野媛が同一とすれば、迦具夜比売命は生まれていないことになる。母の竹野媛は天皇と結ばれなかったからだ。

『日本書紀』は迦具夜比売命の存在を抹殺するために、竹野媛の悲劇を描いたのか。

「カグヤヒメ」が、ここに来て、奇妙な役割を担わされていたことに気づかされる。

ちなみに、丹後半島の北部に鎮座する竹野《たかの》神社には、少し違う伝承が残されている。開化天皇の妃となった竹野媛は年老いて故郷に帰り、天照大神を祀ったというのだ。そのため、竹野神社の祭神は天照大神で、「斎宮《いつきみや》」と呼ばれている。丹後半島を代表する三つの巨大前方後円墳のうちのひとつ、神明山《しんめいやま》古墳が近くにあり、一帯は富を蓄え、政治力を持った地域だったと考えられる。

『日本書紀』や『古事記』、あるいは伝承に差があり、どれを信じてよいか分からないが、タニハの竹野媛と迦具夜比売命の存在は、のちに奇妙な形で「かぐや姫」とつながってくるのだ。

タニハは緩やかにつながっていた

ここで、これまでほとんど注目されてこなかったタニハの古代史を、俯瞰《ふかん》しておきたい。すでに、タニハとヤマト建国の話は述べているが、もう少し詳しく知っておきたい。タニハはヤマト建国に大いにからんでいたし、のちのち『竹取物語』がタニハとつながってくるからだ。

山陰地方の古代史は、出雲（島根県東部）ばかりが注目されてきた。それは当然のことで、神話の中で出雲は重要な役割を果たしていたし、そもそも『記紀《きき》』神話の舞台は出雲と日向（宮崎県と鹿児島県の一部）だけだった。しかも、巨大な出雲大社が屹立《きつりつ》し、旧暦十月には、日本全国の神々が出雲に集結すると伝えられてきたのだから、当然のことだった（日本各地は神無月《かんなづき》。出雲は神在月《かみありづき》）。

その一方で、門脇禎二《かどわきていじ》が「丹後王国論」を提唱し（『日本海域の古代史』東京大学出版会）、次第にタニハや丹後は脚光を浴びるようになり、さらに考古学が、ヤマト建国前後の意外な山陰地方の歴史を明らかにしてしまった。タニハの重要性がわかってきたのだ。

弥生時代後期の日本列島でもっとも栄えていたのは北部九州で、朝鮮半島にもっとも近く、航路上に壱岐、対馬という貴重な止まり木が存在し、海人が自在に往来し、鉄の交易によって、富は蓄積され、強い王が誕生していた。北部九州は出雲とも手を結び、この結果出雲も栄え、四隅突出型《よすみとっしゅつがた》墳丘墓という独自の埋葬文化が生まれ、これを東に向かって伝えて、北陸でも、一時的にこの埋葬文化が採り入れられている。

ところが、タニハの地域は、出雲の埋葬文化を拒んでいる。左右を四隅突出型墳丘墓の文化圏に挟まれた形になりながら、長方形で台状という大型墳丘墓を造りつづけた。これは朝鮮半島東南部の埋葬文化に似ていて、北部九州とは異なる独自の流通ルートを確保していたようだ。山陰地方の東側を「タニハ」とひとくくりにしているのは、四隅突出型墳丘墓を受け付けなかった地域であったこと、土器の様式などがこの地域の中で似ていくからだ。以下、説明する。

弥生時代中期から後期にかけて、タニハでは玉造《たまつくり》が盛んに行われ、これが交易に用いられたようで、後期には鉄器が大量に流入するようになった。そして弥生時代後期後葉〜末期に至ると、西谷式《にしだにしき》土器が丹後、但馬、若狭、北丹波、西丹波に広まった。その東端が福井県敦賀《つるが》市で、西のはずれが但馬だった。この地域は四隅突出型墳丘墓をはね返していて「墓《ぼ》壙内《こうない》破《は》砕《さい》土《ど》器《き》供献《きょうけん》（墓壙に棺を納める前に、土器を破砕する）」の文化圏とも重なっている。高野陽子《たかのようこ》は、丹後を中心とする緩やかに結ばれた「大丹《だいたん》後《ご》」を想定している（『邪馬台国時代の丹波・丹後・但馬と大和』奈良県香芝市二上山博物館編　学生社）。これが「タニハ（但馬、丹波、丹後、若狭）」なのだ。

ただ、弥生時代中期末から弥生時代後期半ばまで、丹後の周辺では小型の墳丘墓が数多く造られていく。

丹後の場合、鉄器の副葬品が豊かで、富を蓄えつつも、国同士は互いにほぼ対等で、ゆるやかな結びつきの共同体を形成していたという（石部《いしべ》正志《まさし》『市民の考古学5　倭国大乱と日本海』甘粕健《あまかすけん》編　同成社）。タニハでは、強大な王が発生することもなく、東国や近畿も似たような状況にあったようだ。

ところが、丹後やタニハの周囲の地域に強い王が出現し、変化せざるを得ず、弥生時代後期後半になると、丹後半島に巨大な王墓が造られるようになっていったのである。

ヤマト建国を背後から支えていたタニハ

おとぎ話の謎解きの鍵を握っているのはタニハなのだ。もう少しタニハについて考えておきたい。

丹後の弥生時代後期を代表する赤坂今井《あかさかいまい》墳墓（京都府京丹後《きょうたんご》市峰山《みねやま》町）の墳頂部から、北陸、播磨、近江、東国から影響を受けた土器が出土している。その中でも「被《ひ》籠《かご》状《じょう》突《とつ》帯《たい》壺《つぼ》」は弥生時代中期後半に近江で生まれて、東海や関東に伝わった土器で、近江では廃れてしまった土器だ。ところがこれが東側から逆流して丹後にもたらされている。

丹後は播磨（瀬戸内海）だけではなく、近江を中継点にして東ともつながっていったのだ。ちなみに近江は、縄文時代からすでに東と交流があった。

北部九州と出雲が発展し東に向けて圧力をかけてくる中、タニハは独自の文化圏を守り通したが、近江と東の地域との間に文物のやりとりを強め、西のパワーに対抗しようとした気配がある。そして、タニハの思惑通り、近江や東海地方が大いに発展していったのだ。タニハの方形台状墓は近江に伝わり、これが発展して前方後方墳が誕生していた可能性が高く、これが東海地方のみならず、各地に広まっていった。東海地方は気候変動の影響を受け困窮したが、逆に結束力を高め、社会変革を起こし、ヤマトに乗り込んだ。つまり、ヤマト建国の陰の功労者は東海の背後にいたタニハだったわけで、その後も隠然たる影響力を及ぼし続けたのである。

ヤマト黎明期の垂仁天皇の「キサキ」をめぐる話を特記したのも、「実在のカグヤヒメ」がタニハとかかわりをもってくるからなのだ。

ただし、このようなヤマト建国の真相を、『日本書紀』は抹殺してしまった。

一般に、八世紀の段階で、三世紀から四世紀にかけての歴史は霧散してしまったのだろうと信じられているが、『日本書紀』編者はヤマト建国の詳細を熟知していたからこそ、真相を闇に葬った可能性が高い。なぜそのようなことがいえるかというと、ヤマト建国の様子を考古学がはっきりさせてしまったことで、『日本書紀』が「何を隠して何を書き残したのか。なぜ、どのように歴史を隠匿したのか」そのからくりが見えてきたからで、しかも、これまで荒唐無稽と思われてきたおとぎ話も、「抹殺された歴史の真相を暴きたい」と思う人びとの手で残された可能性すら出てきたのだ。

結論を先に言ってしまうと、『日本書紀』編纂の中心に立っていたのは藤原不比等で、政敵だった蘇我氏を大悪人に仕立て上げるために、ヤマト建国時にさかのぼり、蘇我氏の祖たちの活躍と正統性を抹殺しにかかったわけだ。

考古学がヤマト建国の詳細を明らかにするようになって、おとぎ話が訴えようとした「真実の歴史」が、見えてきたのであり、だからこそ、逆におとぎ話を知ることで、抹殺された古代史を解き明かすことが可能になると思うのである。

そこでいよいよ次章で、『竹取物語』を考えてみよう。

第三章

『竹取物語』と神武東征の物語

なぜかぐや姫は賤しい者に育てられたのか

『竹取物語』には、大きな謎がある。なぜタイトルが「かぐや姫の物語」ではなく、「竹取の（翁の）物語」なのか……。物語の中で竹取の翁は、脇役にすぎない。しかし話は「いまはむかし、たけとりの翁といふものありけり」から始まるし、紫式部も「竹取の翁の物語」と呼んでいる。どうにも腑に落ちない。

物語は次のように続く。

「野山にまじりて竹をとりつつ、よろづのことにつかひけり」

翁の生業は、野山に分け入り、竹を取ってはいろいろな道具を造っていたという。この説明は、「かぐや姫を育てた翁は、卑賤《ひせん》の身。賤しい最下層の人」だったと言っているに等しい。平安時代の人びとなら、すぐにわかることだ。「竹」は神聖な呪具として用いられたが、竹を取り道具を造る人びとは、蔑《さげす》まれていたのだ。

民俗学者の柳田國男も、竹取の生業は一般の百姓とは異なると言っている。「山川藪《さんせんそう》沢《たく》の利」で細々と生活する賤民だったというのだ（良民ではないということ）。

物語の中でかぐや姫を迎えに来た天人は竹取の翁に向かって「かく賤しきおのれが

もとに、しばしおはしつるなり（かぐや姫はこのように賤しいお前のところにしばらくいらっしゃった）」と言い、かぐや姫も帝の入内《じゅだい》要請に対し、「葎《むぐら》（ツル草、貧しさの象徴）がはうような賤しい家で育ってきた私が、なぜ帝の暮らす御殿で暮らせるでしょう」と語っている。竹取の翁が賤しい者だったことは、物語の中で何度も確認されている。

なぜ、神々しいかぐや姫が、賤しい者の家に舞い下り、育てられたのだろう。そしてなぜ、「かぐや姫の物語」ではなく、「竹取の翁の物語」と、呼ばれたのだろう。

竹取は賤しい者の生業だった。「竹」や「笹」は、逆に呪具としても神聖視されていた。ここに、話の妙がある。そこで「竹」について考えておきたい。

古墳時代の近畿地方の竹は、主に「笹竹《ささたけ》」で、今日に見られるような竹林が広がっていたわけではない。細々と貴族らの庭に栽培されている程度だった。中世初期になって、ようやく竹林は拡大し、産業化は近世に至ってからだ。

ただし、古くから「竹」や「笹竹」は神聖視されていた。超自然的な霊力を秘めていると考えられていた。

社会学者で民俗学者の沖浦和光《おきうらかずてる》は、その理由をいくつも掲げているのだ。要約しておく（『竹の民俗誌』 岩波新書）。

①驚異的な生長力……筍《たけのこ》の状態から約三ヶ月で竹に成長する（かぐや姫も三ヶ月でオトナになった）。一日八〇〜一〇〇センチ伸びる。

②空洞が霊的空間とみなされていた。精霊が宿り、空洞にこもり、物忌《ものい》みする習俗とも結びついた。胎児を宿す子宮でもあった。

③生命力。地下茎が若竹を次々と生み出す。

④百二十年に一度の開花が神秘的。天変地異の前触れとも恐れられた。

⑤秋に落葉期と新緑期が重なり、枯れない。異能の植物とみなされた。

⑥竹の精力……さまざまな薬用成分が含まれる。

これほど多くの特徴をもった植物は、他に例を見ない。

この、神聖で穢れを祓う役割を担った「竹」は、『古事記』や『日本書紀』の中の説話に登場する。

たとえばイザナキが妻のイザナミを追って黄泉国を訪ねたとき、櫛《くし》（竹）に火を灯して明かりにした。イザナキが妻の変わり果てた姿を見て逃げ出すと、イザナミは「黄《よ》泉醜女《もつしこめ》」を遣わして追ってきた。イザナキは神聖な櫛を投げた。すると筍が生えて、醜女たちはそれを食べたので、イザナキはその隙に逃れた。

スサノヲも八岐大蛇《やまたのおろち》退治に際し、クシナダヒメを櫛に化けさせ、頭に挿して、大蛇に立ち向かった。ここでも「竹の櫛」が、威力を発揮している。

天の岩戸神話でアメノウズメは「笹」を手にして、神がかりしてヌードショーを演じている。

すでに触れたが、海幸山幸神話の中で、山幸彦は兄から借りた釣り針をなくしてしまった。そこで山幸彦は自分で作った釣り針を「箕《み》(竹でつくる)」に入れて兄に渡すが、許されなかった。「箕」は神霊が宿る呪具と信じられていた。そこに塩土老翁《しおつつのおじ》がやってきて、漆を塗った櫛を地面に投げつけると、呪力で竹林ができた。その竹で無目籠《まなしかたま》を作り、山幸彦を乗せて海神の宮に誘《いざな》った。

無目籠は水が染みこまないように編んだ竹のカゴ。「籠《かご》に籠《こ》もる」のは、精進潔斎、物忌みを意味してもいる。

天皇は大嘗祭《だいじょうさい》で竹製の敷物の上に座り、神聖な存在になっていく。

聖なる者が蔑まれていく

なぜ、「かぐや姫の物語」ではなく、「竹取の翁の物語」なのだろう。もう少し、「竹」について考えておきたい。

祭祀には欠かせない大切な聖器となる竹。ところが、竹を取り、竹を編む職人は、蔑視されるようになった……。なぜ、このような現象が起きたのだろう。

『日本書紀』斉明《さいめい》元年（六五五）夏五月条に次の記事が載る。

「龍に乗って空を飛んでいる者が現れた。唐人《もろこしびと》の姿に似ていて青い油笠を着て、葛城《かつらぎの》嶺《たけ》（葛城山）から駆け抜け胆駒山《いこまやま》（生駒山）に隠れた。昼になって住吉の松嶺から西に向かって馳せ去った」

また、斉明天皇の最晩年の斉明七年（六六一）五月に、斉明天皇が朝倉橘広庭《あさくらのたちばなのひろにわの》宮《みや》（福岡県朝倉市）に滞在されていたときのこと、朝倉社の木を切り払って宮を造ったため、神が怒って宮殿を壊した（落雷か）。また鬼火が現れ、近侍する者たちが病で多く亡くなった。また、七月に斉明天皇は崩御。八月には、葬儀の様子を朝倉山の上から大笠をかぶった鬼が見守っていた。人びとはみな怪しんだ……。

この、笠をかぶった怪異の人の正体を、『日本書紀』は明かさないが、『扶桑略記《ふそうりゃっき》』は、豊浦大臣《とゆらのおおおみ》と記録している。蘇我蝦夷《そがのえみし》か入鹿《いるか》を指しているが、斉明は目の前で絶叫して死んでいく蘇我入鹿を見ているから、龍に乗り笠をかぶり、鬼火となった鬼は、蘇我入鹿がふさわしい。

古代史最大の悪人と信じられてきた蘇我氏だが、八世紀に没落し、『日本書紀』の中で鬼あつかいされていたわけだ。

零落したのは蘇我氏ら豪族だけではない。尊ばれていた神も、鬼のレッテルをはられた。それは藤原氏の政敵だったからだ。ヤマト建国時から続いた名門の家は、ほぼ壊滅した。

問題はこの場面で「鬼」を強調するために、大笠（青い油笠）が用意されていたことだ。簑笠を着る者は、鬼とされたことは、すでに触れてある。また、古くは聖なる存在だった者が、八世紀の段階で零落し、蔑まれていくパターンがある。聖なる竹に携わっていた者も、賤しい身分とみなされていったわけだ。

八世紀に独裁権力を握り、『日本書紀』編纂の中心に立った藤原氏が、一族の中臣《なかとみ》氏を神祇官《じんぎかん》のトップに立て、国家の祭祀形態そのものを改変し、藤原氏や中臣氏にとって都合の良い「新たな神道」が編み出され、『日本書紀』の中で、歴史改竄《かいざん》のための神話を編み、その過程で、ヤマト建国時から王家を支えていた古く正統な一族や聖なる人びとは、排除されていったのだ。

たとえば斎部広成《いんべのひろなり》は『古語拾遺《こごしゅうい》』の中で、神道祭祀を独占しようとする中臣氏の横暴を糾弾し、「昔は斎部（忌部）と中臣は、同等の立場だったはず」と、不満を述べている。

これを言い残さないと、死んでも死にきれないとさえ述べている。

貴い神も鬼のレッテルを貼られた

ヤマト建国当時、いくつもの地域の王（首長）がヤマトに集まり、埋葬文化と祭祀形態を共有することによってゆるやかな共同体、連合体を生み出していったが、ここで「新政権が編み出した信仰形態」が出現していたわけで、統治システムと連動した信仰が打ち出された。

ここではっきりさせたいのは、ヤマト建国時に定まった国家統治のシステムとしての信仰は、七世紀まで残り機能したことなのだ。

古墳時代を通じてこの体制が崩れなかったことは、『隋書《ずいしょ》』倭国伝《わこくでん》の記事から読み取れる。隋に派遣された使者（遣隋使《けんずいし》）に向かって隋の皇帝（文帝《ぶんてい》）は、役人に倭国の風俗を尋ねさせた。すると使者は、次のように答えている。

「倭王は天を兄とし、太陽を弟としている。夜がまだ明けないうちに、マツリゴトを行い、あぐらをかいて座っている。日が昇るとそこで政務を取りやめ、あとは弟に任せます」

これを聞いた文帝は、「はなはだ道理のないことだ」と呆れたという。

倭の使者が伝えようとしたのは、古墳時代の統治システムであり、それはけっして恥じるべきものではなかった。中国は男性中心の社会だったが、古代の日本は母系社会で、女性の力が強かった。王の親族の女性は神（男性の太陽神）とつながり（観念的に性的関係を結ぶ）、神から得たパワーを王に放射する役目を担った。これを「妹《いも》の力《ちから》」と呼び、また、この王の姉妹が神の妻となり、王とともにマツリゴトを行う方式を「ヒメヒコ制」と呼ぶ。文帝に伝えたかった倭国の風俗とは、この母系社会の統治システムではなかったか。この制度のキモは、ヒメに降りる神託が、天皇の母方の実家の意思でもあることで、ここになぜ古代豪族たちが「外戚《がいせき》」の地位にこだわったのか、その真相が隠されている。通い婚だった当時、天皇の子は母方の実家で育てられ、生まれた男子が即位しても、前天皇（父。たまに家にやってくるオジサン）ではなく、母方の祖父母の言うことを聞いたであろう。

　この方法では、母系の親族が実権を握る。皇帝を頂点とする一神教的な中国の体制とは異なる。だから多神教的で穏やかな統治システムとして、「時代おくれ」という単純な批判は差し控えたい。

　ただし、七世紀になってヤマト政権は隋や唐で完成する律令制度を導入し、中央集権国家の完成を目指すようになった。蘇我氏が中心となって改革事業を手がけたが、完成間近に権力を獲得した藤原氏が、蘇我氏や改革派皇族の手柄を横取りした。藤原氏は「外戚となることで王家を支配し実権を得る」という日本的なマツリゴトを継承している。その上で、神祇祭祀を藤原氏が独占し、古くから神祇祭祀に携わってきた人びとを追い落としてしまった。この結果、聖なる者たちは零落し、蔑まれていくようになったのである。

ただそうはいっても、竹に携わる者が、なぜ蔑視されていったのだろう。ここで竹の文化に注目しておきたい。

成敗される熊襲と隼人

「竹」の文化を都にもたらしたのは南部九州出身の隼人《はやと》（熊襲《くまそ》）で、その隼人は王家に近侍し、重用された。また彼らのもちこんだ「竹」は神聖視されもした。しかし八世紀に藤原氏が台頭すると、「まつろわぬ者」として追い詰められ、「竹に携わる者」は賤しい者とみなされていった。化外《けがい》の民《たみ》（天皇の徳化《とくか》が及ばない人びと）とみなされてもいた。

また現実に、養老《ようろう》四年（七二〇）二月に、南部九州の隼人が背き、大隅《おおすみ》国守が殺されたと報告があった。このため遠征軍が派遣されている（『続日本紀』）。

なぜ隼人は歯向かったのだろう。律令制度が整い、新たな統治システムが南部九州におよぶ段になって「稲作を中心に据えた制度」の強制的な移入に、隼人たちが抵抗したと一般には考えられている。南部九州はシラス台地で、稲作に適していなかったのだ。
戦いは一年半続き、隼人が制圧されている。ただし、このあと説明するように、その直前まで、王家と隼人は敵対していなかったし、むしろ親密な関係を維持していた。隼人征討とほぼ同時に、朝廷は東北の蝦夷《えみし》を敵視し、遠征軍を送っていたことも、どうにも気になってしかたない。

律令が完成する八世紀前半は、藤原氏がひとり勝ちする時代であり、政敵たちが頼りにしていた隼人や蝦夷を藤原氏が邪魔にしていた可能性は、すこぶる高い。政敵の背後に控える勢力を潰すために、隼人や蝦夷たちが邪魔にされたのではないか。

隼人の反乱の勃発した年に完成した『日本書紀』は、「野蛮な熊襲（隼人）」を強調する。たとえば、ヤマトタケルと子の仲哀《ちゅうあい》天皇が熊襲征討を敢行している。

ヤマトタケルの場合、父・景行《けいこう》天皇が熊襲征討を命じて九州に赴いている。ヤマトタケルには双子の兄がいて、残虐な手口で殺してしまい、景行天皇は「鬼のようなヤマトタケル」を恐れて、熊襲退治に向かわせたのだった。

熊襲がどのような悪さをしたかというと、『日本書紀』には、景行二十七年秋八月に「熊襲がまた叛《そむ》いて、辺境を侵し続けている」と、記されている。また、ヤマトタケルは熊襲に「何者か」と問われたとき、「大足彦天皇《おおたらしひこのすめらみこと》（景行天皇）の子で名は日本童《やまとのおぐ》男《な》」と語っている。この一節から分かるように、ヤマトタケルは日本を代表する童子で、「童子が鬼を退治する」という昔話そのものの図式が、すでに『日本書紀』に記録されていたことになる。

『古事記』にも、次の説話が記録されている。ヤマトタケルはクマソタケルの新築の祝宴に紛れ込み、童女の姿になり、クマソタケル兄弟の間に座ることができた。宴もたけなわになったとき、ヤマトタケルは剣を抜き、兄のクマソタケルの衿《えり》をつかみ、刺し貫いた。弟は逃げたので追い、背中をつかみ、お尻から剣を刺し、熟した瓜を切り刻むように、クマソタケルを殺している。

　このように、『日本書紀』や『古事記』は「熊襲や隼人は大昔から朝廷に歯向かう悪いヤツらだった」と強調するが、どうにも不可解なのだ。と言うのも、八世紀よりも古い時代の隼人は、天皇に近侍し、信頼され、蜜月状態にあったからで、ヤマトタケルの熊襲征討は、にわかには信じられないのだ。

本当に隼人はまつろわぬ者だったのか

『竹取物語』の最初の謎は、「なぜかぐや姫ではなく竹取の翁の物語なのか」であり、その竹の文化を中央に運んできたのが隼人だったこと、まつろわぬ、賤しい隼人に、大きな秘密が隠されているように思えてならないのである。

隼人は、われわれの想像以上に多い人数が、畿内にやってきたようだ。井上辰雄《いのうえたつお》は『薩摩国正税帳《さつまのくにしょうぜいちょう》』の天平十年度の記載に、阿多《あた》の地域（薩摩半島の西側）に地元出身の豪族が郡司に指名されていないことから、阿多隼人《あたのはやと》の長を中心に大半が、畿内に移動させられていた可能性があるという（『熊襲と隼人』教育社歴史新書）。

いつ、隼人は畿内に移住したのだろう。乙巳《いっし》の変《へん》（六四五）、大化改新《たいかのかいしん》（六四六）ののち、律令制度が整う段階で、隼人たちはヤマト政権に取り込まれ、内属化されたと考えられている。

『日本書紀』天武十四年（六八五）条に、大倭連《やまとのむらじ》、葛城《かつらぎ》連、山背《やましろ》連らに「忌寸《いみき》」のカバネが下賜されたとある。忌寸は天武の定めた八種《やくさ》のカバネの四番目の地位で、ほぼ全員「連」姓からの変更だが、隼人の大隅氏だけは、「直《あたい》」が「忌寸」に変わった。「連」姓の諸豪族は地名を冠する場合が多く、忌寸を下賜された者たちは近畿地方の地名であることから、「大隅直」も、すでに畿内に移住していたからと考えられる。山城国《やましろのくに》綴喜《つづき》郡《ぐん》大住郷《おおすみのさと》は、まさに隼人の集住地として知られている。

隼人が畿内にやってきたというと、従属し、奴隷のように扱われていたかのようなイメージを抱きがちだが、そうではない。『職員令《しきいんりょう》』の規定に、隼人は輪番で隼人司《はやとし》に出仕して、一年間ずつお勤めを果たすこと、出仕しない者には課役を負担させ、兵士として徴発すると決められている。隼人は賤民扱いされておらず、良民と考えられていたことが、この規定からはっきりとする。

ただ、一般の良民と違うところもあって、それは、隼人には特殊な任務があてがわれていたことだ。

隼人司は隼人を管掌する役所で衛門府《えもんふ》（のちに兵部省《ひょうぶしょう》）に所属していたが、その隼人たちは宮門《きゅうもん》の守護（人の出入り、物品の出入りの点検など）、隼人舞の習得と実践、竹笠の造作の役目を担い、朝儀に参列し鎮魂の儀を執り行い、「狗吠《くはい》」をする。狗吠は犬の吠えるさまで、呪術的な意味が込められていて、大嘗祭でも行われていた。『延喜《えんぎ》式《しき》』に、隼人司は、元日・即位・蕃客《ばんかく》（外国の使節団）入朝などの儀式に際し、ハヤトが横刀、楯、槍などを携帯すると記されている。

隼人は天皇のそば近くに侍り、守り、大切な儀礼に参加していたことになる。まつろわぬ隼人（熊襲）のイメージが強いから、王家が隼人を信頼し、身辺に配置したその真意をつかみかねていたのである。

ところが『日本書紀』には、天皇と隼人の親密な関係が記されていることに気づかされる。この王家と隼人の関係は、これまで軽視されてきたと思う。

王家と隼人の本当のつながり

景行四年二月条に、第十二代景行天皇が日向髪長大田根《ひむかのかみながおおたね》を娶り、日向襲津彦皇子《ひむかのそつびこのみこ》が生まれたとある。南部九州の隼人の日向の地からキサキを呼び寄せたわけだ。

第十五代応神天皇も日向と接点をもつ。日向に髪長媛《かみながひめ》という乙女がいて、国内で比べる者がいないほどの美女であることを聞き、彼女を召し入れようとしたが、息子の大《おお》鷦《さ》鷯尊《さぎのみこと》（のちの仁徳《にんとく》天皇）が一目惚れしてしまったために、譲っている。

五世紀の倭の五王のひとり、第十七代履中《りちゅう》天皇（履中天皇は仁徳天皇の子）の即位前紀にも、隼人の刺領巾《さしひれ》なる者が「近く習《つか》へまつる」とある。

刺領巾は住吉仲皇子《すみのえのなかつみこ》（履中天皇の弟）の反乱に一枚かんでくる。履中の弟の瑞歯《みずは》別皇子《わけのみこ》が、住吉仲皇子を暗殺する事件だ。

天皇の寵臣《ちょうしん》刺領巾に、瑞歯別皇子は、

「私のために住吉仲皇子を殺せ。必ず、お前を厚遇しよう」

と持ちかけた。刺領巾はひとりで矛《ほこ》を持ち、住吉仲皇子が廁《かわや》に入ったところを刺し殺した。ところが、

「刺領巾は人びとのために皇子を殺しましたが、これは自分の君《きみ》に対する無慈悲です」

と忠告があり、刺領巾は殺されてしまった……。

刺領布は理不尽な仕打ちを受けたが、隼人は天皇に忠実で、天皇から寵愛を受けていたことは間違いない。

『日本書紀』清寧《せいねい》元年冬十月九日条に、雄略天皇を御陵に葬った記事がある。そのとき隼人は、昼も夜も陵の脇で大声を出して泣き、食事を与えてもとらず、七日で亡くなり、役人は陵の北側に墓を築き、礼を尽くして弔ったというのだ。天皇家と隼人が、

強い絆で結ばれていたことを示している。

なぜ、まつろわぬ隼人（熊襲）を天皇は重用し、信頼し、宮門を守らせたのだろう。

その一方で、律令が整い、『日本書紀』が編纂されると、隼人はまつろわぬ者のレッテルを貼られていく。発掘調査によって平城京（奈良市）で八世紀前半ごろの隼人の楯十六枚がみつかっているが、発見場所が宮城の南西の隅の井戸で、枠板に使われていた。これは隼人にとっては屈辱的なことであり、奈良時代の隼人が、一気に政治的に没落していた様子がみてとれる。

この直前まで、隼人は政権と上手につきあっていたのではあるまいか。

たとえば、ヤマトと山背にふたつのウチ（奈良県五條《ごじょう》市［旧宇智《うち》郡］と京都府八幡《やわた》市［旧内郷《うちごう》］）の地名があって、ここには共通点がある。南部九州の隼人集団と深いかかわりがあったのだ。山背の内郷に接して南に大住郷があって、中世に「隼人の荘」と呼ばれた。大住郷は、「大隅の隼人」が移住した場所と考えられている。五條市にも、隼人が暮らしていた。これらの地域は、どこも流通のかなめの位置にあって、隼人は信頼され、大切な役目をになっていたことが分かる。

この隼人たちは、雄略天皇の五世紀、あるいは天武天皇の七世紀に、ヤマトに大量に移住したと考えられているが、実際にはもっと早かったのではあるまいか。神武天皇は日向からヤマトに向かったが、このとき隼人も一緒にやってきたのではないかと疑っている。

なぜ『日本書紀』は王家と隼人が同族と記録したのか

まつろわぬ者とみなされた隼人だが、その先祖は、王家とつながっている。『日本書紀』がそう言っている。

天孫降臨神話は、天照大神と高皇産霊尊《たかみむすひのみこと》の孫のニニギ（天津彦彦火瓊瓊杵尊《あまつひこひこほのににぎのみこと》）が、真《ま》床追衾《とこおうふすま》にくるまれ、日向の襲の高千穂《たかちほ》（宮崎県と鹿児島県の県境の高千穂峰と宮崎県西臼杵《にしうすき》郡高千穂町の二説あり）に舞い下りる話だ。ニニギはここから笠狭碕《かささのみさき》（鹿児島県南さつま市笠沙《かささ》町の野間《のま》岬）に徒歩で移動し、土地の山の神（大山祇神《おおやまつみのかみ》）の娘の鹿《か》葦津姫《あしつひめ》（木花開耶姫《このはなさくやひめ》）を娶り三柱の子が生まれた。火闌降命（海幸彦）、彦火火出見尊（山幸彦。天皇家の祖）、火明命《ほのあかりのみこと》（尾張氏の祖）だ。ここで山幸彦が兄・海幸彦の釣り針をなくして、海神の宮に行って帰ってくるのだが、豊玉姫《とよたまひめ》から授かった潮満瓊《しおみちのたま》と潮涸瓊《しおひのたま》で、兄を懲らしめた。海幸彦は苦しみ、謝った。

「これからあと、わたしはあなたの俳優《わざおき》の民《たみ》（滑稽なしぐさで神や人を楽しませる人）になりましょう。どうか許してください」

これを聞いた山幸彦は兄を許した。『日本書紀』は、海幸彦（火闌降命）を「吾《あ》田君《たのきみ》小橋《おばし》等が本祖」と言っている。「吾田」は隼人の土地であり、隼人の祖が天皇家の祖の彦火火出見尊の兄だったと『日本書紀』は証言している。

一般には、天皇家の祖が南部九州（日向）に舞い下りたという天孫降臨神話や、神武が日向を出立してヤマトに向かって東征したという『記紀』の説話そのものが、絵空事と信じられるようになったから、「神武天皇と隼人は一緒にヤマトにやってきた」という仮説は、なかなか受け入れられないのだ。弥生時代もっとも栄えたのは北部九州であって、南部九州に王家の祖が繁栄していたとは、とても考えられないのだ。

しかし、『日本書紀』も『古事記』も、「隼人の祖は天皇家と同族」と記録している点を、軽視できない。隼人は間違いなく南部九州の人びとであり、なぜ『日本書紀』は、天皇家の祖と隼人の祖の血縁関係を記録したのだろう。大きな謎であり、これが大問題にならない点は、かえって不可解なのである。ヤマトタケルと子の仲哀天皇は、熊襲征討を敢行していて、『日本書紀』の中で隼人や熊襲は蔑まれているのだから、余計理解できないのである。

しかし、考古学がヤマト建国の詳細を明らかにしてしまうと、天孫降臨神話に関して、これまでとはまったく異なる仮説が生まれてくる。

かつては、富み栄えた強い王が九州から東に移ってヤマトが建国されたと信じられてきた。だが実際には、三世紀に、東海や畿内、山陰地方の人々が北部九州になだれ込んでいた。人びとの動きは西から東ではなく、東から西なのだ。北部九州は、ヤマトの纏向《まきむく》勢力や山陰勢力に圧倒されていた。

ならばなぜ、「神武は南部九州からヤマトに向かった」と、『日本書紀』は説明しているのだろう。そしてなぜ、ヤマトの王家の祖が、南部九州の隼人と同族だったと記録したのだろう。

『日本書紀』とスサノヲとソガ氏

なぜ『竹取物語』の謎解きをするために日向に注目するかと言えば、「竹取の翁」の

「竹」が、隼人と密接にかかわっていること、隼人の「竹」が王家の呪具として珍重され、隼人自身も王家の身辺にぴたりと寄り添い、まつろわぬ者なのに、儀礼に参加し、しかも王家に対する忠義心も、強かったからだ。

何かが、変なのだ。『日本書紀』の記事には一貫性がなく、また、『竹取物語』や浦島太郎にまつわる人脈や背景が、どうしたわけか、神武東征やヤマト建国とつながってくるのである。

ここでひとつの仮説を掲げておきたいが、まずその前提として、『日本書紀』がどのような歴史書だったのかを、はっきりとさせておこう。

『日本書紀』は養老四年（七二〇）に完成している。大宝律令が完成したのが大宝元年（七〇一）、平城京遷都が和銅三年（七一〇）で、大化改新（六四六）から始まった、中央集権化と律令整備が、ようやく終わりかけていたときに編まれた。この時代の権力者は藤原不比等だ。

かつて『日本書紀』は、天武天皇が編纂を発案し、王家の歴史を美化し、正統性を証明するための歴史書と信じられてきた。ところが、研究が進んで、『日本書紀』編纂の中心に藤原不比等が立っていたこと、この人物が藤原氏にとって都合の良い文書を作成していた可能性が高くなってきたのだ（森博達『日本書紀の謎を解く』中公新書）。

藤原不比等の父は中臣（藤原）鎌足で、中大兄皇子とともに蘇我入鹿を滅ぼした人物だが、『日本書紀』によってこのふたりは、古代史最大の英雄ともてはやされた。そして蘇我入鹿や蘇我本宗家は、王家を蔑《ないがし》ろにし改革を邪魔した大悪人とレッテルを貼られ、現代に至っても、この図式は変わることのない常識として、信じられてきたのだ。

しかし、ようやく蘇我氏見直しの気運が高まり、さらに、『日本書紀』編纂が中臣鎌足の子の手によってなされたとわかってきて、『日本書紀』が藤原氏の正義を主張するために、蘇我氏を必要以上に悪し様に描いていた可能性が指摘されるようになってきたのだ。また、『古事記』は、「蘇我氏の遠祖は建内宿禰《たけうちのすくね》（武内《たけのうちの》宿禰）」と明記したが、『日本書紀』は蘇我氏と武内宿禰の関係を黙殺している。

他の拙著の中で述べてきたように、蘇我氏の祖はヤマト建国時から王家に近い存在で大活躍をしていたと思われる。

蘇我氏の祖神はスサノヲではないかと疑っている（拙著『スサノヲの正体』新潮新書）。スサノヲは出雲の簸川《ひのかわ》の川上に最初の宮を建てる。清清《すがすが》しいから須賀宮《すがのみや》で、ここで生まれた男子の名が清之湯山主三名狭漏彦八嶋篠《すがのゆやまぬしみなさるひこやしましの》だった。ちなみに、その須賀宮は、現在須我《すが》神社（島根県雲南《うんなん》市）になって、祭神は素戔嗚尊《すさのおのみこと》、稲田比売命《いなだひめのみこと》、清之湯山主三名狭漏彦八嶋篠湯となっている。そして但馬一宮の粟鹿《あわが》神社の祭神の中に「清之湯山主三名狭漏彦八嶋篠」ではなく「蘇我能由夜麻奴斯禰那佐牟留比古夜斯麻斯奴《そがのゆやまぬしみなさむるひこやしましぬ》」がいて、「清《すが》」が「蘇我《そが》」に入れ替わっている。これは恣意的ではなかろうか。スサノヲの「スガ」が音韻変化して「ソガ」となったことを、強調したかったのだろう。出雲大社本殿真裏のスサノヲを祀る社は「素鵞社《そがのやしろ》」で、これは本来「スガノヤシロ」と読むべきところ、「ソガノヤシロ」と呼んでいる。「スガ」が「ソガ」に変化している好例だ。

つまり、「スサノヲの子・スガ」から「蘇我氏」の名が誕生したと思われる。

奈良県橿原市の宗我坐宗我都比古《そがにますそがつひこ》神社の最寄り駅は「真菅《ますが》」で、「スガ駅」の周辺の地名も「マスガ」だ。そしてスガに鎮座する宗我坐宗我都比古神社を「ソガ氏」が祀る（神職の苗字は北西《きたにし》氏だが、蘇我倉山田石川麻呂《そがのくらやまだいしかわのまろ》の末裔で、江戸時代のある時期まで「ソガ」を名乗っていた）。蘇我氏全盛期の拠点「アスカ（明日香）」は、「ア（接頭語）＋スカ「スガ」」とする説がある。蘇我氏とスガは、強く結ばれていたのだ。

スサノヲと蘇我氏には共通点があって、それは、すでに触れたように、スサノヲも豊浦《とゆら》大臣（蘇我蝦夷か入鹿）も、どちらも蓑笠や大笠を着せられ、鬼あつかいされ、さげすまれていることなのだ。

六世紀初頭に越《こし》（北陸）の男大迹王《おおどのおおきみ》が担ぎ上げられて（継体《けいたい》天皇）、その直後から蘇我氏が急成長するが、越そのものが蘇我系豪族の地盤で、継体とともに畿内にやってきた可能性が高い。蘇我氏は本来、スサノヲと同じ日本海勢力だったのだろう。

スサノヲのモデルは弥生時代後期からヤマト建国の時代に活躍した英雄であろう。王家と近しい存在であったが、蘇我氏そのものの正義を抹殺する必要があったから、『日本書紀』は蘇我氏とスサノヲの関係を断ち切り、ヤマト建国の歴史そのものも、闇に葬ってしまったのだろう。

「桃太郎」と「浦島モドキ」は古代史解明のヒントとなるか

『日本書紀』は藤原不比等が藤原氏の正義を証明するために記した歴史書だった。これまで、この図式が読み取れなかったために、古代史の謎は解けなかったのだ。藤原不比等や藤原氏は、他者との共存を拒み、独裁を目論み、罪もない人びとを、大勢排斥し、多くの血が流れた。だからこそ余計、藤原氏のための歴史書は必要だった。

また一方で、多くのおとぎ話や昔話が、なぜか古代史とつながってしまうのも、八世紀から平安時代にかけて、藤原氏に追い落とされ、零落し、恨みを抱いていった者たちが、『日本書紀』によって書き換えられた歴史の真相を、明らかにしようとしたからだろう。敗者の恨みつらみを晴らすために、権力者の目をかいくぐり、あらゆる手段を駆使して、真実の歴史を書き残そうとしたのだろう。だからこそ、『竹取物語』も「浦島太郎」も、ヤマト建国史の要素を秘めているのではなかったか。

すでに述べたように、かぐや姫を迎えに来た月の都の王は、かぐや姫に向かって、

「いざ、かぐや姫。穢き所にいかでか久しくおはせむ」

と、強烈な言葉を述べている。「こんなに穢れた世の中に、長居は無用です」と言うのだ。

『竹取物語』が編まれた平安時代は、藤原氏が権力を独占し、「その他の貴族（豪族）」が、次々と倒され、葬られていった時代だ。「穢き所（穢れた世の中）」は、藤原の世であり、政権批判を展開しているのだ。正史（正しい歴史ではなく、政権側が正式に

編んだ歴史書）『日本書紀』は藤原氏の正義を証明し、その他大勢を悪人に仕立て上げた（たとえば隼人や蘇我氏）。この歴史観を敗者は、おとぎ話を駆使することによってくつがえし、真実を後世に伝えようとしたのではなかったか。

これは、もはや謎でもなんでもない。

「浦島太郎」は『日本書紀』や『丹後国風土記』逸文、『万葉集』に登場していたが、「浦島もどき」もまた、海幸山幸神話、神武東征説話、安曇磯良丸（神功皇后の新羅征討）などなど、時代の節目節目に、登場していたのだ。

『日本書紀』や『丹後国風土記』は、「抹殺したい歴史を神話化（おとぎ話化）」することによって、真相を闇に葬ったのではあるまいか。

ならばこれを逆手にとって、浦島太郎や「浦島モドキ」を、古代史解明のためのヒントにできないだろうか。

われわれがやるべき作業は、『日本書紀』によって改竄《かいざん》された敗者の歴史を、『竹取物語』や「浦島太郎」やその他の昔話の中から再現することではなかろうか。

『日本書紀』はヤマト建国時に活躍した地域を神話からはずした？

そこで改めて確認しておきたいのは、考古学と『日本書紀』の記事を重ねることで見えてくる、古代史の本当の姿だ。特に、ヤマト建国時の詳細を考古学が明らかにしてしまったことによって、『日本書紀』が何を、どのように隠滅したのか、その様子がよく見えるようになった。

つまり、ヤマト建国の考古学と『日本書紀』を重ねることによって、これまでの常識や通説は、ようやく書き換えられようとしているのだ。

そしてヤマト建国の考古学のここが大切なところなのだが、北部九州は纒向に参加していない。それどころか、ヤマト政権に参加した者たち（吉備を除く）は、北部九州になだれ込んでいた。邪馬台国北部九州論者が語ってきた、「強い北部九州の王がヤマトに乗り込んだ」というかつての常識も、これで通用しなくなったのだ。

問題は、『日本書紀』の記事と考古学の物証が、うまく噛み合わないことだ。

『日本書紀』は天孫族は出雲の国譲りのあと日向（南部九州）に舞い下りたと言い、初代神武天皇は、日向からヤマトに向かったという。

　この設定にはいくつもの謎があって、まず第一に、神話の舞台が出雲と日向にほぼ限定されていることだ。ヤマト建国の考古学は、「弥生時代後期にもっとも栄えていたのは北部九州で、山陰地方も鉄器を大量に保有し、瀬戸内海、北陸、さらに東側の地域も、次第に鉄器を手にするようになっていた（ただし近畿地方南部は鉄の過疎地帯）」と指摘する。なぜか、北部九州や瀬戸内海、近江、東海、北陸など、歴史の主役級の地域は、出雲以外触れていない。これは不思議だ。

　さらに、南部九州に王家の祖が舞い下り、ここからヤマトに旅立ったという設定も、奇妙な話だ。通説も「これは天皇家の歴史をなるべく古く遠くに見せかけるため」と推理し、真実とはみなしていない。

　また通説は、初代神武天皇と第十代崇神天皇の記事を重ねると、お互いの抜け落ちた部分が埋まり、ひとつの物語になること、第二代から第九代までの天皇を架空とみなし（欠史八代）、第十代崇神天皇が実在の初代王だったと考えている。崇神天皇と第十一代垂仁天皇は、纏向と近辺に宮を置いているし、神武天皇と崇神天皇の双方が「ハツクニシラス天皇（はじめて「最初に」国を治めた天皇）」と称えられているから、この発想はまちがっていない。

ただし、わからないのは、「ヤマトの黎明期、ヤマト政権が北部九州に押しかけた」という記事が、崇神、垂仁朝にはみられないことなのだ。

文字を使うようになって古い歴史は消えた？

考古学は三世紀のヤマト勢力が、まず、奴国《なこく》（福岡県福岡市と周辺）と日田盆地（大分県日田市の小迫辻原《おざこつじばる》遺跡）に拠点を構えていたことを明らかにしている。日田盆地は北部九州勢力にとって防衛上のネックになっていて、ここを東側の勢力に取られると厄介なことになる。ヤマト勢力は北部九州の地政学的弱点を、見抜いていたのだ。

ならば、『日本書紀』編者は、ヤマト建国前後のせわしない人びとの大移動を知らなかったのだろうか。東（ヤマト）から西（北部九州）へ人びとは向かい、拠点を構え、おそらく朝鮮半島との間に存在した大動脈、流通ルートを掌握しようとしたのだろう。この三世紀の大事件と地殻変動を、八世紀の人びとは覚えていなかったのだろうか。

「文字のない時代だから、歴史は残らなかったのだろう」と考えるのが、客観的な判断だろうか。そうではなく、口伝えでも、何かしらの歴史は語り継がれたと推理すべきだろうか。

「歴史」は文字が発明されたから生まれたのではないと思う。人の感情が、歴史を必要とした。文字がなくても、真相を残そうと念じたはずなのだ。

人間が農業を選択し、強い武器と強い王が求められ、冶金が発達し、争いが絶えず起き、さらに強い武器が求められ、強い王が富を蓄え、文明が勃興したとき、人びとは富と便利さと引き換えに、争いを始め、集団で他者を傷つけるようになった。そして、人から憎まれ、あるいは人を憎み、その「不条理」を語り継いでいくようになったのだと思う。勝者は人を蹴落とした理由を弁明し正義を獲得し、敗者は勝者のあくどい手口と恨みつらみを語り継ごうとしただろう。農業と戦争と文明が、歴史を生みだしたと思う。

ひるがえって日本の場合、紀元前十世紀後半前後に稲作が伝わり、緩やかに東に伝播していったが、やはり近隣同士の小競り合いが生まれ、弥生時代後期には、流通ルートの確保のために、緊張状態が高まった。そうしてヤマトは建国された。このとき、ヤマト勢力は北部九州に侵入するとともに、政権内部で主導権争いが勃発し（このあと説明する）、勝者と敗者が発生したようだ。とすれば、まさにここに、正義を主張し、あるいは恨みつらみを語り継ぐための歴史は生まれたはずなのである。

『古語拾遺』の前書きが、まさにこのことを言い当てている。

「蓋《けだ》し聞けらく（思うに、聞いていることによると）」

　と言い、次の話が続く。

「上古《じょうこ》の文字がなかった時代、身分の上下、年齢の別は関係なく、すべての人が口伝えに、昔の人が言ったこと、できごとを残していて、忘れられることはなかった」

ところが、文字を使うようになってから、古い時代を軽視し、上っ面の内容のない話が溢れ、古い話をする古老を馬鹿にする。朝廷が編纂した歴史には、漏れていることが多いと言うのである。そして斎部広成は、「今私が本当のことを伝えないと、歴史は絶えてしまうだろう」と言う。つまり、『日本書紀』編纂とともに古い歴史は消えてしまったというのである。

　そう考えると、『日本書紀』の「あまりにも本当のヤマト建国とかけはなれた記録」に、強い疑念を抱かざるを得ない。『日本書紀』編者は、ヤマト建国の歴史をよく知っていたからこそ、真相を闇に葬ったのではなかったか。

あるいは、初代神武天皇の話を第十代崇神天皇まで引き延ばしたとすれば、『日本書紀』のどこかに、ヤマト建国の歴史が、書き残されているのではあるまいか……。と言うのも、崇神天皇の死後になって、ヤマト建国の考古学をそのままなぞったのではないかと思われる人物群が『日本書紀』に記録されているからだ。それが、第十二代景行天皇から第十四代仲哀天皇へと続く人脈である。

九州に向かったタラシの王たち

実在の初代王・第十代崇神天皇と子の第十一代垂仁天皇のふたりは、和《わ》風《ふう》諡号《しごう》に「イリヒコ」の名が入っていた。ところが第十二代景行天皇から第十四代仲哀天皇に続く系譜は、「タラシヒコ」に入れ替わっている。通説は、景行天皇から仲哀天皇につづく王たちの歴史は「神話じみている」こと、「タラシヒコの名は六世紀から七世紀の天皇の諡号として用いられていた。このため『タラシヒコ』は作られた新しい名」だと言い、彼らは実在しなかったのではないかと考える。

景行天皇の子の中にヤマトタケル（日本武尊、倭建命）がいて、ヤマトタケルの子が仲哀天皇だ。祖父、子、孫に共通するのは、九州に遠征して、熊襲を成敗していることだ。あまり知られていないが、『日本書紀』は「景行天皇も熊襲と戦った」と記録している。

景行十二年秋七月、熊襲が叛いて朝貢してこなかった。そこで八月、景行天皇は筑紫に向かった。九月には周芳《すわのくに》の娑麼《さば》（山口県防府《ぼうふ》市佐波《さば》）から豊前国《ぶぜんのくに》の長峡県《ながおのあがた》（福岡県と大分県の県境付近）に至り、ここに行宮《あんぐう》を造った。そこで、この地を「京《みやこ》」と名付けた。このあと景行天皇は、九州島を時計回りにめぐって、土蜘蛛《つちぐも》や熊襲を討っている。景行十九年秋七月に、遠征を終えて帰京したと『日本書紀』は言う。この親征のあと、ヤマトタケルが改めて熊襲征討に遣わされている。

ヤマトタケルはクマソタケルを討ち取ったあと、瀬戸内海を東に向かったが、途中吉備の穴海《あなのうみ》（広島県福山《ふくやま》市。航路の要衝）に立ちより、そこの悪神《あしきかみ》を殺し、難波《なにわ》の柏《かしわの》済《わたり》（淀川の河口部）の悪神を殺した。そして景行天皇は、このあとすぐさま、ヤマトタケルを東征に向かわせたのだった。

ヤマトタケルは遠征を成功させたが、伊吹山《いぶきやま》の神の毒気に当たり、病んで能煩野《のぼの》（三重県亀山《かめやま》市と鈴鹿《すずか》市の一帯）で亡くなった。ヤマトへの帰郷を熱望しながらの悲劇的な最期だった。

ヤマトタケルの子の仲哀天皇も、九州親征を敢行した。仲哀二年三月、仲哀天皇は南国（南海道）をめぐっていた。紀伊国の徳勒津宮《ところつのみや》（和歌山市）に滞在中、熊襲が叛いて朝貢をしてこなかった。そこで瀬戸内海を西に向かい、穴門《あなと》（山口県西部）に至り、角鹿《つぬが》（福井県敦賀市）から神功皇后を呼び寄せ、豊浦宮《とゆらのみや》（下関《しものせき》市）で合流し、北部九州侵攻の拠点にした。

このように、「タラシヒコ」の王たちは、皆、なぜか九州に赴き、熊襲を討っていたのである。

延ばしに延ばした時間軸

九州親征を敢行した天皇は、景行天皇と仲哀天皇、そして七世紀の斉明天皇（女帝）の他には存在しない。しかも、景行、ヤマトタケル、仲哀天皇と、三代にわたって連続していたのは、不可解だ。

謎を解く鍵はどこにあるのだろう。ついヤマトタケルの活躍に注目しがちだが、仲哀天皇の活躍は、ヤマト建国前後の考古学と、ぴったりと重なるから無視できないのである。

そこで仲哀天皇の行動を追ってみよう。仲哀天皇と神功皇后（息長帯比売命《おきながたらしひめのみこと》）は、豊浦宮に長逗留したあと、北部九州の沿岸を西に向かい、橿日宮《かしひのみや》（旧奴国。福岡市）に行宮を造る。この宮、「東側の勢力が北部九州を代表する奴国をおさえるなら、ここしかない」というほど、地の利を得た場所だった。海岸からの補給が可能な高台に位置する。

考古学は、三世紀のヤマト勢力が北部九州に押し寄せていたことを明らかにしているが、その中心地が、まさに旧奴国の領域であり、この「タラシヒコの最後の天皇が橿日宮（奴国）を拠点にして北部九州を制圧しようとした」という『日本書紀』の記事は、考古学の証言をそのままなぞっているかのようだ。しかもこのあと、仲哀天皇は神託を無視して熊襲征討に向かい、敗れ、神の怒りを買い急死してしまう。

ここで活躍をはじめるのが、神功皇后と武内宿禰だ。神功皇后は景行天皇の末裔ではないが、「息長帯比売命」で、「タラシの王族」でもある。この点、「タラシ」の和風諡号は、「九州に向かった人たち」の称号と解することも可能なのだ。

また、武内宿禰に関して、『古事記』は蘇我氏の遠祖と言っている。一方『日本書紀』は、武内宿禰と蘇我氏の系譜を掲げていない。通説は『古事記』の証言をほぼ無視し、武内宿禰と蘇我氏の関係に無頓着で「蘇我氏渡来人説」も、根強いものがある。

しかし、すでに述べたように、蘇我氏はスサノヲと「スガ」でつながっていて、そのスサノヲは、盛んに朝鮮半島に出向き、交易で力を貯えた山陰の王だと思われる。具体的にはヤマト建国前後のタニハの王だろう(拙著『スサノヲの正体』)。蘇我氏の根っ子は日本海側にあり、だからこそ、継体天皇の出現とともに、頭角を現したことは、すでに触れてある。蘇我氏は、思いのほか古い名門豪族であり、武内宿禰は北部九州にも、濃厚な伝承を残している。

それはともかく、景行天皇の和風諡号は「大足彦《おおたらしひこ》忍代別《おしろわけ》天皇」で、「大いなるタラシの王」であり、タラシ系の始祖ゆえに、「タラシ」の前に「大」の一文字が冠せられた。そして「タラシの人脈」が、北部九州に何度も遠征していた事実を無視することはできない。

通説は、「タラシの王家は実在しなかった」と言うが、彼らの動きは、考古学の建国前後のヤマト勢力そのものであり、「タラシの皇后(息長帯比売命。神功皇后)の子＝

第十五代応神天皇」は北部九州で生を享《う》け、ヤマトに向かっている。

この一連の経過こそ、ヤマト建国時の歴史そのものであり、『日本書紀』編者は、事情を熟知していたからこそ、第十二代景行天皇から第十五代応神天皇という「長めの時間」「延ばしに延ばした時間軸」を用意して、ヤマト建国の真相をごまかそうとしたのではなかったか。タラシの王家の時間だけではなく「ヤマト建国は神武天皇の時代」と掲げているのだから、初代王から第十五代王という長大な「間」が設けられている。武内宿禰が歴代天皇に仕え、三百歳以上の長寿を保ったと記録されるのは、この『日本書紀』の、「延ばしに延ばした時間軸」が原因だろう。

そういえば、浦島太郎も三百歳だったな……。

ヤマト建国の考古学とぴったり重なる神功皇后

タラシの王家の九州遠征は、ここからがドラマティックだ。

仲哀八年秋九月に話を戻す。橿日宮で仲哀天皇は熊襲を討つための軍議を開いた。すると神が神功皇后に命じた。

「熊襲にかまっていないで、新羅（朝鮮半島東南部）を討て」と言う。仲哀天皇はこの神の言葉を信じず、熊襲征討に向かった。しかし勝てず、もどってきた。そして翌年の二月五日に仲哀天皇は突然体力を失い、翌日崩御。神のいいつけを守らなかったからだと、『日本書紀』は語っている。

神功皇后はこの年の三月に斎宮《いつきのみや》に籠もり、武内宿禰に琴を弾かせて（神を招き寄せる）、神に教えを請うた。その上で、松峡宮《まつおのみや》（福岡県朝倉市）に陣を構え、山門県《やまとのあがた》（みやま市）の土蜘蛛の女性首長を討ち取り、ここから反転し、新羅征討に向かった。朝鮮半島南部の国々はこのとき、神の力を借りた神功皇后の威に圧倒され、帰服した。北部九州に凱旋した神功皇后は子（応神）を産み落とし、ヤマトに帰還する。

ちなみに、神功皇后が橿日宮から朝倉市周辺に勢力圏を拡大したあと南に攻め入ったと『日本書紀』は記録したが、ヤマトに生まれた纏向型の前方後円墳（初期型の前方後円墳）は、まさに北部九州沿岸部から朝倉市のあたりまで伝播していた。この点も、考古学と神功皇后の行動は合致している。

問題はいくつも隠されている。まず第一に、神功皇后が攻めた山門県は、邪馬台国北部九州説の最有力候補地だったことだ。また、『日本書紀』は神功皇后の説話の中で

「魏志倭人伝」の邪馬台国の記事を載せている。つまり、「神功皇后は邪馬台国の女王だったかもしれない」とほのめかしていることになる。

通説は、神功皇后摂政紀について、「魏志倭人伝」の記事から干支二巡（百二十年）時間をずらしていると考える。神功皇后が実在したとしても、活躍していたのは卑弥呼の時代ではなく、四世紀後半だろうと推理する。だが、それこそ『日本書紀』の仕掛けた歴史改竄の手口にまんまと引っかかっていると思う。

江戸時代の国学者本居宣長《もとおりのりなが》は、「邪馬台国偽僣《ぎせん》説」を掲げている。これが実に秀逸なのだ。当時ヤマトに天皇が君臨していたのに、九州の卑弥呼が魏に使者を送り、「われわれがヤマト（邪馬台国）」と偽り、親魏倭王の称号を獲得してしまったのだろうと推理した。これが、邪馬台国偽僣説だ。すでに江戸時代に、邪馬台国論争は終わっていたと思う。

卑弥呼は『日本書紀』が言う山門県の女性首長で、これをヤマト勢力の神功皇后が討ち取ったのだろう。

「魏志倭人伝」には卑弥呼亡きあと男王が立つもみな反発し、宗女《そうじょ》（一族の女性）台《と》与《よ》（壱与《いよ》）が担ぎ上げられたとある。この台与こそ、神功皇后であろう。神功皇后は

「豊浦宮」に拠点を構えていたが、これは「トヨの港の宮」であり、さらに神功皇后は、多くの場面で「海のトヨの女神」と接点をもつ。

神功皇后と応神天皇に常に近侍していたのは武内宿禰で、末裔の蘇我氏が全盛時代、天皇の外戚となったが、蘇我系の天皇はみな「トヨ」の名を冠した。聖徳太子《しょうとくたいし》は「豊《とよ》聡耳皇子《とみみのみこ》」、推古天皇は「豊御食炊屋姫《とよみけかしきやひめ》」で宮の名は豊浦だった。蘇我馬子《うまこ》の子は豊浦大臣で、ついでまでに言っておくと蘇我馬子は「嶋大臣《しまのおおおみ》」と呼ばれ、豊浦宮に出仕していた嶋大臣は、豊の浦の嶋大臣であり、浦嶋子《うらしまのこ》ではないか？

まあ、それは偶然としても（本当は偶然と思っていないが）、神功皇后は「トヨ」に囲まれており、親魏倭王を攻め滅ぼしたことを魏に報告することができず（敵対関係に立ってしまうから。親魏倭王を殺したと魏が知れば、攻めてくるかもしれなかった）、卑弥呼の宗女がトヨ（神功皇后）と嘘をつき、取り繕ったと思われる。

ヤマト建国の考古学と『日本書紀』の記事は、こうして合致してきたのである。

トヨたちのその後

問題は、このあとトヨたちがどうなったかが、よくわからないことなのだ。「魏志倭人伝」はトヨのその後を明記していない。

神功皇后摂政紀（『日本書紀』）六十六年条の割注に、

　この年は晋《しん》の武帝《ぶてい》の泰初《たいしょ》二年（二六六）で、晋の「起居注《ききょちゅう》」（天子の言動を記録した日記）に「武帝の泰初二年十月に、倭の女王が通訳を重ね、貢献せしめた」と書かれている。

という記事が残されている。『日本書紀』に従えば、この女王は神功皇后になるが、トヨを指していると思われる。これが最後で、トヨは歴史からフェードアウトしてしまう。『日本書紀』も、ヤマト政権の黎明期に女王がヤマトで君臨したという記事を載せていない。トヨはどこに消えたのだろう。

神功皇后なら、「ヤマトに凱旋して六十九年間摂政を続けた」と『日本書紀』にはある。摂政とは、皇太子や王が幼いために、政務を助け代行する者だが、この間応神が即位しなかったという話も信じがたい。

卑弥呼やトヨは魏から女王と認められてお墨付きをもらっていた。この事実を『日本書紀』編者は知っていたし（「魏志倭人伝」の記事を引用している）、六世紀から八世紀にかけて、ヤマト政権は多くの女帝を担ぎ上げている。もしトヨが神功皇后なら、『日本書紀』は「ヤマトには女王が君臨していた」と堂々と記すべきだったいったいなぜ、『日本書紀』は、神功皇后を女王と認めなかったのか。

考古学が、真相を教えてくれているように思えてならない。

まず注目すべきは、ヤマト建国前後の「吉備」の動きだ。東海勢力が奈良盆地の東南部にまず流入すると、あわてた吉備や出雲が、ヤマト建国に荷担するようになる。ただし吉備は老獪だった。纏向は軽視し、もっぱら河内（大阪府南東部）に注力している。奈良盆地から見ると、西側の生駒、葛城山系の向こう側だ。

こうして吉備は、河内をおさえ、生駒山を手に入れ、東の勢力と対峙する態勢を整えた。ヤマト政権内部の主導権争いを優位に進めることができただろう。また多くの勢力が勢いに任せて北部九州に押し寄せる中、吉備は、ほとんど進出していない。もっぱら河内の地盤固めを進めていたのだ。そしてこのあと、吉備がヤマト政権の中心勢力にのし上がる。

一方北部九州では、大きな変化が起きていた。ヤマト勢力は奴国を拠点にしていたが、突然、奴国が没落していくのだ。また、山陰地方も零落した。いったいここで、何が起きていたのだろう。

志賀島の金印は弥生時代後期に奴国が後漢から授かったものだが、江戸時代に農夫が偶然畑の斜面で見つけている。漬物石のような石をどけると、その下から小さな金印が出現したのだ。このことから、奴国王が滅亡する際、金印を埋めて逃げたのではないかとする説がある。

日田の金銀錯嵌珠龍文鉄鏡《きんぎんさくがんしゅりゅうもんてっきょう》も、久大《きゅうだい》本線（久留米《くるめ》と大分とつなぐ路線）建設中に土の中から崩れ落ちてきたが、これも、奴国の勢力が逃げるときに日田にお宝を持ち込み、埋めたのではないかと推理されている（河野一隆「西日本新聞」二〇〇七年十一月六日）。

神功皇后は奴国を拠点にしていたが、これは理にかなった戦力であり、考古学と合致している。

また神功皇后は磯良丸を水先案内人に指名し新羅に乗り込んだが、この人物は阿曇氏で、阿曇氏は奴国王の末裔だった可能性が高い。つまり、奴国の没落は神功皇后の敗退であり、ヤマトに裏切られた彼らは、蜘蛛の子を散らすように、北部九州から逃亡したのではなかったか。そして、神功皇后の末裔たちは南部九州に逃れ、これが天孫降臨神話に化けたのだろう。

神武東征への道のり

ここで話は、『日本書紀』の神武東征に移る。

初代神武天皇は実在しないと信じられているが、神武東征説話は「ヤマト建国時の歴史」そのものだった可能性が高い。そう思うのは、ニギハヤヒとナガスネビコの存在が大きい。神武東征時に先にヤマトに君臨していた人たちだ。ふたりのあり方も、ヤマト建国の考古学をなぞっている。

神武天皇がヤマト入りしたとき、すでにニギハヤヒなる者が君臨していた。ニギハヤヒは天磐船《あまのいわふね》に乗って天上界から舞い下りてきて、先住のナガスネビコの妹を娶っていた。ナガスネビコは神武のヤマト入りを拒み、ニギハヤヒに殺されてしまう。

ニギハヤヒの末裔が物部氏なのだが、彼らは吉備からやってきたと思われる。すでに触れたように、吉備勢力は河内の八尾市周辺に地盤を築いた。ここは大和川が奈良盆地から流れ下る場所であり、瀬戸内海と奈良盆地をつなぐ交通の要衝であった。河内を押さえれば、ヤマト政権に強い影響を及ぼすことができる。

物部氏は古代最大の豪族で、日本各地に広大な領土を獲得していくが、本貫地は河内で、六世紀に物部守屋は、蘇我馬子と争い、ここで滅びている。また、河内と奈良盆地の境目に横たわる生駒山は、古くは「ニギハヤヒ山」とも呼ばれていて、生駒山の東側も、物部氏の支配地だった。ちなみに、蘇我系皇族・聖徳太子が建立した法隆《ほうりゅう》寺《じ》の土地も、物部系のものだった。七世紀に蘇我氏と物部氏は「手打ち」をしていて、ともに律令制度導入に動き出し、その「仲直り」の象徴として、法隆寺（創建法隆寺。若草《わかくさ》伽藍《がらん》）が建立された可能性が高い。

そこで、ナガスネビコについて考えておきたい。ナガスネビコはヤマトの土着勢力と思われがちだが、東海系であろう。

ヤマト建国の直前、近畿地方南部は鉄器の過疎地帯であり、富と権力の空白地帯のような様相をしめしていた。そこに、各地から人が集まり、一気に建国の気運が高まった。何度も言うように、最初にやってきたのは東海地方だった可能性が高い。近江と東海地方は前方後方墳（前方後円墳ではない。念のために）を造り、東国を中心に伝播していった。これに対し吉備を中心とする瀬戸内海勢力は前方後円墳で対抗した。東西日本が、くっきりと前方後方墳と前方後円墳で分離した時代であった。その、前方後方墳を作りあげた東の勢力と前方後円墳を作りあげた西の勢力が「折り合いをつけた」のがヤマト建国であり、そのふたつの巨大勢力を代表する王が、「東のナガスネビコ」と「西のニギハヤヒ」であろう。

そしてもうひとつ、第三極に立っていたのが、タニハを中心とする山陰勢力で、こちらはヤマトそのものに注力するのではなく、山陰地方↓北部九州↓朝鮮半島南部をつなぐ日本海の権益を守ることに腐心していた気配がある。けれども、北部九州で神功皇后らがヤマトに裏切られ、敗れた貴種たちは南部九州に逃れたと考えられる（根拠はこのあとに）。

ここまで整理できたところで、なぜ神武天皇は南部九州からヤマトに乗り込み、また、なぜナガスネビコは神武を拒み、ニギハヤヒはナガスネビコを殺してしまったのか、その理由を解き明かしておこう。鍵を握っていたのは、実在の初代王・崇神天皇である。

ヤマト黎明期に何が起きていたのか

崇神五年、国内に疫病が蔓延し、人口は半減したと『日本書紀』は言う。そこで占ってみると、「大物主神《おおものぬしのかみ》の意思」とわかり、さらにお伺いを立てたところ、大物主神が「私の子を連れてきて、私を祀らせれば、世の中は静かになる」と言うので、その通りにすると、騒ぎは収まった。

ここに登場する大物主神は、一度説明してある。『日本書紀』は大物主神は出雲の大《おお》国主神《くにぬしのかみ》と説明するが、これは大きな間違いで、大国主神は「大いなる国の主の神（出雲国の神）」なのに対し、大物主神は「大いなるモノの主の神」となる。この場合、「モノ」は「鬼」であり「神」でもある。したがって大物主神は、「大いなる鬼（神）の主の神」なのだから、出雲国の主・大国主神とは、スケールがちがう。鬼の中の鬼だから、凄まじい祟りをもたらしたのだ。神の中の神であり、ヤマトを代表する神だから、纏向の目の前の霊峰・三輪山《みわやま》に祀られたわけである。

そして問題は、神話の中で大物主神が日本海に出現した神であること、その大物主神はヤマトで祟り疫病を振り撒いていることだ。

祟りは、祟られる側にやましい気持があって初めて成立する。とすれば、崇神天皇は大物主神に祟られる理由があったことになる。

すでに述べてきたように、ヤマトに最初にやってきたのがナガスネビコで、彼は東海系だろう。そして次にやってきたのが吉備のニギハヤヒで、ナガスネビコの妹を娶ることで、ニギハヤヒがヤマトの王に立った。大同団結したわけだ。このニギハヤヒは、実在する大和の初代王であり、その正体は『日本書紀』に登場する第十代崇神天皇であろう。崇神天皇の母と祖母は物部系で、崇神が物部系で、しかも吉備系だったことを暗示している。吉備は河内に拠点を構え生駒山を支配し、ヤマト政権内の主導権争いを制したのだろう。そして同じころ、北部九州では神功皇后や奴国がヤマトに裏切られて、南部九州への天孫降臨（貴種の逃避行）がなされた……。敗れた者たちは、環日本海交易圏を構築しようと考えていた山陰地方（タニハ）を中心とする勢力であろう。

おとぎ話の背景に隠れているヤマト建国の物語

吉備は、河内に固執し、北部九州侵攻には無頓着で、ひたすらヤマト政権内での主導権の獲得に尽力し、この策が功を奏し、ほくそ笑んだだろう。

しかし、ここでアクシデントが起きる。崇神天皇（ニギハヤヒ）政権は、疫病の蔓延に苦しみ、その原因を「ヤマトを呪うタニハ（山陰勢力）」とみなしたのだろう。鬼の中の鬼と化した山陰（タニハを中心とする日本海勢力）を代表する神＝大物主神を恐れ、大物主神の祟りを鎮められる人物を探したに違いない。それは、南部九州に逃れ、逼塞していた神武天皇であろう。

崇神天皇は神武に王権を禅譲し、その代わり、実権の伴わない祭司王の役割を担わせた……。こうして、権力を持たない不思議な王権が誕生したわけだ。

これが、考古学と『日本書紀』の記事を重ねることで編み出された、ヤマト建国の歴史である。

北部九州で裏切られた山陰系の貴種たちが南部九州に逃れ、隼人たちがこれを守ったことから、その後の天皇家と隼人の強い信頼関係が構築されたのだろう。隼人にすれば、逃れてきた貴種たちは厄介者である。そのままヤマト政権に引き渡すことも可能だった。それでも隼人は天皇の祖を守り、さらに神武がヤマトに向かったとき、ともにヤマト入りしたに違いない。

『万葉集』に、次の歌がある。

阿太人《あだひと》の　梁《やな》打ち渡す　瀬を速み　心は思《おも》へど　直《ただ》に逢《あ》はぬかも（巻十一―二六九九）

（大意）阿太に住む人が梁を打ち渡す。瀬の流れが速いので、心では思っているが、直接逢ってはいないことだ。

ここに、漁をする「阿太人」が登場する。日向の阿多隼人のことだ。神武即位前紀には、吉野に到達した神武が、吉野川を西に下り、梁を造って魚を捕る人たちに出逢っているが、彼らは「苞苴担《にえもつ》の子（神や天皇に捧げる神饌《みけ》をもつ若者）」で、阿太の養鸕《うかい》部《ら》の始祖だったとある。これを信じれば、先に隼人が阿太に住んでいたことになるが、順番は逆で、神武とともに隼人がこの地にやってきたのだろう。

神武天皇は祭司王としてヤマトに迎え入れられ、権力を与えられず、弱い立場で暮らして行かざるを得なかっただろう。そんな「ヤマトの敗者でありながら迎え入れられた王」を守りつづけたのも隼人たちだった。『竹取物語』が「竹」にこだわった理由も、このあたりに理由があるかもしれない。

もちろん、おとぎ話の多くも、『日本書紀』が隠してしまった本当の歴史を何とかして再現してもらいたいと願い、工夫して暗示をこめて用意した物語なのだろう。

ヤマト建国のあらすじを再現したことによって、このあとおとぎ話の裏側が鮮明に見えてくるはずなのである。

第四章

一寸法師と神功皇后の奇妙な接点

一寸法師は鬱屈した貴種の末裔

ここで話は、一寸法師に移る。

一寸法師で思い出す場面と言えばなんだろう。お椀《わん》を船に、箸を櫂《かい》に、針を刀がわりに、麦わらを鞘《さや》にして旅に出た姿ではなかろうか。淀川を遡《さかのぼ》り、京に向かった小さな子である。

ただ、一般にはあまり知られていない事実がいくつもある。

まず、一寸法師（背の丈が一寸）のような「小さな男」は田螺長者《たにしちょうじゃ》、豆助、親指太郎などと名づけられ、民俗学ではこれらを総称して「小《ちい》さ子《こ》」の物語と呼んでいる。「小さ子」の昔話の特徴は、「神の申し子」だったこと、体の一部や自然物などから生まれてくるなどの「異常な誕生秘話」を持っていることだ。

それだけではない『御伽草子』の一寸法師の最後に、一寸法師を生んだ「おほぢ」と「うば」の出自が語られている。「おほぢ」は堀川《ほりかわ》の中納言の子とあり、父の中納言は人の讒言《ざんげん》によって流された人だ。配流先の田舎で（貧しい女性との間に）生まれた子が「おほぢ」だったとある。

一寸法師の「うば」は、伏見《ふしみ》の少将という人の子で、幼いころ父母と死に別れ、苦労している中、「おほぢ」と知りあったわけだ。そして、「おほぢ」と「うば」は、都から離れた摂津国《せっつのくに》の難波の里で、細々と暮らしていた。高い地位にあったふたりの先祖の栄光を取り戻したい夫婦であったが、京の都に返り咲くことはなかったのである。

どうにも、暗い設定の話ではないか。讒言で追いやられ恨みを抱く、鬱屈した貴族の末裔が、一寸法師だったわけだ。

一寸法師は、「桃太郎」のような単純な鬼退治ではない。興味深い「背景」が、いくつも隠されている。

そこでまず、物語のあらましを紹介しておこう。

その昔、難波（大阪）の里に年老いた夫婦が暮らしていた。妻は四十になっても子ができず、住吉大社《すみよしたいしゃ》に願掛けを行ったところ、大明神は哀れに思って、子を授けることにした。お婆さんが四十一歳のとき、ついに懐妊したので、お爺さんもこの上なく喜んだ。そして十ヶ月経つと、何ともかわいらしい男の子が生まれたのだった。

生まれたときの背丈は一寸しかなく、いつまでたっても背が伸びないので一寸法師と名づけられ、十二、十三の年月を重ねた。老夫婦は「これはただごとではなく、こいつは化け物風情か何かだろう」と思い、どこかにやってしまわねばならぬと思う。親の気持ちを知った一寸法師はお椀や箸、針、麦わらを用意して、京に旅立った……。

このの ち、高貴なお方（三条《さんじょう》の宰相殿）の姫君をちょっとずるい手を使ってもらい受けると、舟に乗ってとある島にたどり着き、ここの鬼を退治する。そして鬼から奪った打出《うちで》の小槌《こづち》を振って背を伸ばしたのだった。金銀を手に入れた一寸法師は、都に舞い戻り、出世した……。

一寸法師は鬼退治の英雄だ。しかし、奇妙なことも多い。京の高貴なお方（三条の宰相）の娘に懸想をし、我が物にしようと考え、嘘をつく。神棚の米粒を娘の口のまわりにつけて、「米を奪われてしまった」と訴えたのだ。宰相は娘を殺そうとするが、結局放逐し、一寸法師はまんまと娘を手に入れたのだ。詐欺師、ペテン師であり、とても英雄視できないではないか。ここに、何か秘密が隠されているのだろうか。

そして、これまで見てきた多くの昔話と同じように、「一寸法師」も古代史とかかわりを持ってくるのだろうか。

一寸法師が住吉の子という設定に意味がある

「小さ子」や童子が鬼退治をする理由については、すでに述べてある。さらに、古い説話の中には、「小さ子を捨てる」という設定が多い。『日本書紀』や『古事記』神話にも、「小さ子を捨てる」話が出てくる。

『日本書紀』には、スサノヲが生まれる直前に蛭児《ひるこ》が登場している。三歳になっても歩けなかったので、楠《くすのき》の船（天磐櫲樟船《あまのいわくすぶね》）で捨てられたとある。

『古事記』にも、似た話がある。イザナキとイザナミの最初の子が「蛭児（水蛭子《みずひるこ》）」だったが、不具のため、葦船に乗せられ海に捨てられてしまった。

ちなみに、鹿児島県の鹿児島神宮（大隅正八幡《おおすみしょうはちまん》）の裏手に奈毛木《なげき》の杜《もり》があって、蛭子（蛭児）がこの地に漂着し、嘆き悲しんだと伝わる。

ところで一寸法師の物語に限らず、神話や昔話は、世界中によく似た話があって、アジアやヨーロッパにおよぶ広い視野が必要だと指摘されている。それらを比較して、一寸法師の根源を探る必要があるという（石田《いしだ》英一郎《えいいちろう》「一寸法師」『未開と文明』山口昌男《やまぐちまさお》編集・解説　平凡社）。

世界中の神話が似ていることはよく知られているが、その理由も分かっている。人類がアフリカから拡散していった時期を含めて、早い段階ですでに話の原型があったと考えられるようになった。一寸法師も世界中の「小さな子の物語（小さ子）」という大きな枠組みに入れられるのだろう。

ただし、それだけで一寸法師のすべてがわかるわけではないと思う。日本の古代史の特殊事情が、この説話に注入されているはずなのだ。住吉大神《すみよしのおおかみ》の申し子という設定そのものに、すでに「暗示」が籠められていると思う。住吉大神は、古代史最大級の秘密を握っているからだ。

『日本書紀』神代上第五段一書第六に、住吉大神は登場する。イザナミが火の神を生んで亡くなると、イザナキは黄泉国に妻を追っていった。ただし、イザナミはすでに腐り始めていた。恐れてもどってきたイザナキは、筑紫の日向《ひむか》の小戸《おど》の橘の檍原《あはきはら》（宮崎県。福岡県説もある）で穢れを濯いだ。そのとき、多くの神々が生まれるが、海の神「表筒男命《うわつつのおのみこと》・中筒男命《なかつつのおのみこと》・底筒男命《そこつつのおのみこと》」が登場する。この三柱が、住吉大神だ。ただし、住吉大神の末裔が記されていない。また同時に、底津少童命《そこつわたつみのみこと》・中津少童命《なかつわたつみのみこと》・表《うわ》津少童命《つわたつみのみこと》が生まれていて、三柱の神は阿曇連《あずみのむらじ》が祀る神だと記されている。

もう少し詳しく記しておくと、イザナキが穢れを濯ぐとき、「上の瀬は流れが速い。下の瀬はゆるい」そう言って中の瀬で濯いだ。すると、八十枉津日神《やそまがつひのかみ》（災いをもたらす神）が生まれ、災いを直す神を生んだ。それが神直日神《かむなおひのかみ》と大直日神《おおなおひのかみ》だ。また、海の底で濯ぐと神が生まれた。名付けて底津少童命と底筒男命で、潮の中で濯ぐと、生まれた神が中津少童命と中筒男命だ。潮の上に浮いて濯ぐと表津少童命と表筒男命が生まれたとある。

住吉大神と少童神が重なって生まれたことも、無視できないのだが、改めてここで強調しておきたいのは、住吉大神は日本を代表する海の神であり、一寸法師は海の神の申し子だったことである。

水と深くかかわる一寸法師

一寸法師は「水」と深くかかわっている。

たとえば日本の民俗学の父・柳田國男は、「小さ子」と「水界《すいかい》（海）」がつながっていると指摘している。

柳田國男は、「水神《すいじん》」が零落《れいらく》して、カッパや水の精霊に変化していったのだろうと考えた。

河童は想像上の生き物で、悪さをして人を苦しめたと語られてきた。おかっぱで頭のてっぺんの皿の水がなくなると生きていられない。近世に明確なイメージが浮かび上がってきたが、河童の二文字は、室町時代の文書のなかにすでに現れている。カワウソが老いたらカッパになるという。

ただし、河童の原型はもっと古い時代にさかのぼれる。たとえば『日本書紀』仁徳六十七年是歳条には、吉備（岡山県）の川に大磊《みつち》（大蛇や竜といった水の精霊）が出現し、人々に災いをもたらしたので、成敗されたという記事が残る。この恐ろしい水の精霊が「河童」という妖怪につながっていった。というのだ。柳田國男は「小さ子」は水神で、その零落した姿が「河童」と考えた。

『日本書紀』雄略七年秋七月条に、次の記事がある。三輪山の神の姿を見てみたいという雄略天皇の希望を叶えるため、小子部栖軽《ちいさこべのすがる》が三輪山の蛇を捕まえてくる、という話だ。おとぎ話の範疇に入れてもかまわない説話の中で、「小子部」が登場するのは「小さ子」を暗示しているし、三輪の神は水神や雷神の象徴である小蛇《こおろち》（蛇）という点も、無視できない。柳田國男が指摘したように、「小さ子」と「水・海」が強く結ばれていたことがわかる。

　なぜ、一寸法師の「小さ子としての素姓」にこだわったかというと、住吉大神が「そんじょそこらの海の神」とは別格であること、日本の歴史を塗り替えてしまいかねない伝承を持っていて、しかも、住吉大神は祟る神として知られ、これらの属性が一寸法師の置かれた立場と似ているからなのである。

　そこで、あらためて、住吉大神について考えてみたい。

　すでに述べたように、住吉大神はイザナキから生まれている。天照大神やスサノヲよりも早く生まれ、しかも九州の阿曇氏の祀る神（海神）と並行して生まれていたことは、気になるところだ。と言うのも、住吉大神は第十五代応神天皇の父母、仲哀天皇と神功皇后らと旧奴国（儺県《なのあがた》。福岡市と周辺）の地でかかわりをもち、また神功皇后は新羅征討をする際に、やはり旧奴国の阿曇氏の協力を仰いでいて、住吉大神と少童命が、九州の旧奴国でつながり、しかも、海神＝少童命の名も「小さ子」であり、一寸法師とのかすかな接点に見えるからである。

さらに、第十五代応神天皇を筆者は、ヤマト建国時の人物と推理している。応神天皇は九州に生まれ、瀬戸内海を東に向かってヤマト入りを目指しているが、初代神武、第十代崇神、第十五代応神は同時代人で、神武と応神は同一人物だったという推理だ（なぜそう思うかは、このあと説明する）。そして、応神天皇の父母の仲哀天皇と神功皇后のまわりに集まってきた神々が、ヤマト建国の真相を解く手がかりを握っていると考える。

天寿を全うできなかった仲哀天皇

住吉大神は、神話の世界を飛び出し、歴史時代に入っても活躍する。それが、仲哀天皇と神功皇后の九州遠征の場面だ。

仲哀八年秋九月に仲哀天皇が熊襲征討を目論んだが、神は制止した。翌年二月、仲哀天皇が神のいいつけを守らずに熊襲を討ったが敗れ、急死したことは、すでに触れてある。

神は神功皇后に憑依《ひょうい》し、次の神託を下した。

「熊襲は不毛な土地に住んでいる。どうして討つ必要があろうか。ここよりも優れた宝の国が対岸にある。目映《まばゆ》い金銀や宝物のある栲衾《たくぶすま》新羅国だ（「栲衾」は夜具のことで、新羅の枕詞）。もし私をお祀りくだされば、戦いも起きずに、帰服してくるでしょう」

仲哀天皇は神の言葉を疑い、丘に登って遠くを見渡したが、国などどこにも見えなかった。仲哀天皇は神に向かって、

「どのような神がいたずらに私を欺くのか。先祖の諸天皇は、天神地祇を祀ってきたのに、それに漏れた神がおいでになるのか」

と述べられた。すると神は、

「なぜ疑われるのか。あなたはあの国を得ることはできないだろう。たった今、皇后ははじめて身籠《みご》もられた。その子が国を得られることだろう」

それでも仲哀天皇は神を疑い、熊襲を征討したが、敗れてしまったのだ。翌年の春二月五日、天皇は急に体が萎えて衰弱し、翌日亡くなってしまった。五十二歳だった。

「即《すなわ》ち知りぬ、神の言《みこと》を用いたまはずして、早く崩《かみあが》りましぬることを」と、『日本書紀』の割注は特記する。神託を無視したために、早死にしたと……。つまり、天寿を全うできなかったというのである。この表現、無視できない。仲哀天皇の死は、不自然だ。

天皇の遺骸は穴門の豊浦宮（下関市）に運ばれ、殯《もがり》をした。これは「无火殯斂《ほなしあがり》」だったと『日本書紀』は言う。无火殯斂とは、喪を隠すために、火を焚かず殯をすることと考えられている。なぜ、死を秘匿する必要があったのだろう。

仲哀天皇は橿日宮《かしひのみや》（福岡市）で亡くなったが、香椎宮《かしいぐう》（橿日宮）の伝承に、仲哀天皇が亡くなった晩、仲哀天皇を棺に納め、椎の木に立てかけ、生きている体で軍議を開いたといい、薫香《くんこう》が漂ったから、香椎宮の名が生まれたという。これは伝承に過ぎないが、やはり、奇妙なことが起きていたと考えざるを得ない。

神功皇后は崇る神の存在を知り、神託どおり宝の国（新羅）を求めようと考えた。また、群臣百官に命じ、罪を祓い過ちを改めて、斎宮《いつきみや》を小山田邑《おやまだのむら》（筑前国宗像郷）に造らせた。

ここにある「斎宮」は、身を清めた上で神に仕え、神託を受けるための御殿だ。

同じ事件なのに『日本書紀』と『古事記』の記事に差がある

話は続く。

三月、神功皇后は吉日を選び、自ら神主になって、武内宿禰に琴を弾かせ（神を招き寄せる）、中臣烏賊津使主《なかとみのいかつのおみ》を審神者《さにわ》（神託の意味を解く人）として、仲哀天皇に託宣を下した神の名を問うた。七日七晩ののち、答えが返ってきた。

「神風の伊勢国に百伝《ももづた》う（「百伝う」は「鈴」の枕詞）度逢県《わたらいのあがた》の折鈴《さくすず》五十鈴宮《いすずのみや》にます神、名は、撞賢木厳之御魂天疎向津媛命《つきさかきいつのみたまあまさかるむかつひめのみこと》なり」

撞賢木厳之御魂天疎向津媛命の「撞賢木」は、屹立する榊《さかき》のことで、神がここに降臨する。撞賢木厳之御魂天疎向津媛命は天照大神の荒魂《あらみたま》のことだ。

神功皇后は、この神のほかにいらっしゃるかと問うた。すると、尾田《おだ》の吾田節《あがたふし》の淡《あわの》郡《こおり》に坐《ま》します神だという。これが、アマテラスの妹（あるいは娘）とされる稚日女《わかひるめ》だ。

さらに、「天事代《あめにことしろ》虚事代《そらにことしろ》玉籤入彦《たまくしいりびこ》厳之《いつの》事代神《ことしろのかみ》」という。これは事代主神《ことしろぬしのかみ》（言代主神）で、託宣の神だ。「まだ他にいらっしゃいますか」と問うと、今度は「あるともないとも知らない」と、微妙な発言。そこで審神者が、「今答えられなくとものちになっておっしゃることがありますか」と聞くと、「日向国の橘小門の水底に坐しまして水葉のように稚やかに芽ぐみ出す神、名は・表筒男・中筒男・底筒男の神がいる」と告げた（これは住吉三神だ）。「まだ他にいらっしゃいますか」と問うと、ふたたび「あるともないとも知らない」と告げて、そのまま何も言わなかった。そこで神功皇后は、神々を祀った……。

同じ場面なのに、『古事記』の記事は、微妙に異なる。

神功皇后（大后《おおきさき》息長帯日女命《おきながたらしひめのみこと》）は神依《かみよ》せをした。仲哀天皇が筑紫の訶志比宮《かしひのみや》（橿日宮）から熊襲を討とうとしたとき、天皇は琴を弾き神を招き寄せ、建内宿禰《たけうちのすくね》大臣《おおおみ》（武内宿禰）は沙庭《さにわ》（神の託宣を聞く聖なる庭）にいて、神のお告げを請うた。大后（神功皇后）に憑依した神（正体はこの場面でははっきりとしない）は、次のように教えた。

「西の方に国がある。金銀だけでなく、目も眩むような宝がある。私はその国を帰服させようと思う」

　これを聞いた仲哀天皇は、

「高い場所から西を見ても、国は見えず、海があるだけです」

　こう述べられ、神を疑い、弾いていた琴を押しのけて黙っていた。すると神は大いに怒り、

「この天下はお前の統治すべき国ではない。どこか隅に向かっているのがふさわしい」

　と言った。建内宿禰は仲哀天皇に、

「恐れ多いことです。琴を弾かれますように」

　と申し上げた。すると仲哀天皇は、やる気のない素振りで琴を弾いた。しかし、ややあって音色が途切れた。火をかかげてみると、天皇はすでに息絶えていた。

　恐れ驚いて、天皇を殯宮《もがりのみや》に安置し、国中から捧げ物を集め、国の大祓《おおはらえ》をして、建内宿禰は沙庭にいて神に請うた。神の教えは先日と同じで、「西方の国は、あなた（神功皇后）の胎中におられる御子の統治なされる国だ」と、教え諭した。そこで建内宿禰

は、御子の性別を尋ねた。すると、男子であることがわかった。建内宿禰は、神の名を問うと、

「天照大神の御意思であり、また、底筒男・中筒男・表筒男（住吉三神）の三柱の大神である。今、西の国を求めようと思うのなら、天神地祇、山と川、海のあらゆる神とにことごとく幣帛《へいはく》を捧げ、われら三神（住吉神）の御魂を船の上に鎮座させ、真木を焼いた灰をヒョウタンに入れ、箸と葉盤《ひらで》をたくさん作り、それを海に散らし浮かべて渡っていくとよい」

神功皇后たちは、神の教えにしたがい、その通りに軍勢を整え、新羅に向かった。海原の魚が船を背負い、新羅国に船は押しあげられ、国の中央まで到達した。新羅の王は恐れかしこみ、降伏した。百済国を海の向こうの屯倉《みやけ》と定めた。その上で、御杖《みつえ》（占領のしるし）を新羅国の国王の門に突き立て、墨江《すみのえ》大神（住吉大神）の荒魂を国を守る神として、祀り鎮めて帰ってきた……。


これらの説話の中に、無視できない問題が、いくつかある。

恐ろしい住吉大神

仲哀天皇に「新羅に行け」と言った神は、『日本書紀』を読むかぎり、明確にはならない。神々が複数登場するからだ。天照大神や事代主神や住吉大神らである。一般的に天皇家にとってもっとも大切と思われているのは天照大神だが、『日本書紀』は、「天照大神が憑依した」と、明確に言っているわけではない。これは、不思議なことではないか。

これに対して『古事記』も、最初は神の正体を明かしていない。ただ、名を問われると「これは、天照大神の御心で、また、住吉大神も」と、微妙な発言がある。「お名前は」と聞かれて「これは、あの人（第三者の天照大神）の気持ち」と言い、会話にズレがある。ところがこの直後から「住吉三神」が名乗り出て大活躍をする。「吾が御魂」を船に乗せるよう命じ、住吉大神は神功皇后らとともに海を渡り、新羅を圧倒することに成功した（事実であったかどうかは別にして）。

そして住吉大神は、日本を代表する神として、新羅王の門に鎮座したのだった。『古事記』は明らかに一連の事件の主役を住吉大神と想定している。
『住吉大社神代記《すみよしたいしゃじんだいき》』に、奇妙なことが書かれている。それは、仲哀天皇が亡くなられた晩、住吉大神と神功皇后は、「夫婦の秘め事をした」というものだ。『日本書紀』は、住吉大神が神託を下しているとき、「今、まさに、神功皇后は御子を身籠もった」と言っている。とすれば、仲哀天皇が亡くなって、住吉大神と神功皇后は、結ばれ、応神が「住吉大神の子」として生まれたことになる。これはいったい、どういうことだろう。

大阪の住吉大社（大阪市住吉区）には、住吉三神の三つの神殿と、となりに並んで神功皇后が祀られているが、仲哀天皇は、祀られていない。これは不敬なことではないか。住吉大社は、祭神から仲哀天皇を排除することで、「改めて伝承をそのまま、主張している」ことになる。こんな不敬な事態を、なぜ歴代政権と王家は、叱責しなかったのか。不遜な住吉大社を成敗できなかったのはなぜだろう。時代は下るが、明治天皇は東京に移る前に、住吉大社に足を延ばし、神職の津守《つもり》氏に褒美を与えている。

津守氏は尾張系で、なぜ、住吉大社を祀り続けてきたかというと、『住吉大社神代記』に説明がある。田裳見宿禰《たもみのすくね》（手搓足尼。尾張氏の祖）は新羅征討のとき、神功皇后の産み月を遅らせるために、石をとって御裳《みも》の腰に挟んだ。のちに応神が九州からヤマトに向かったとき、住吉大神は「渟中倉《ぬなくら》の長岡の玉手の峡《を》に住みたいと希望した。そこは、手搓足尼の土地だったので献上し、手搓足尼に祭祀を命じた。また神功皇后は、住吉大神とともに住みたいと願って宮を建てた」とある。この話も意味深長なので、覚えておいてほしい。なぜここで、尾張氏が登場したのか。

ここで注目しておきたいのは、恐ろしい住吉大神のことである。

神功皇后は新羅に「荒魂の墨江大神（住吉大神）を据えて、睨みをきかせようとしたし、『日本書紀』には、住吉大神の荒魂を穴門の山田邑《むら》（長門国豊浦郡の住吉坐荒魂神社）に、和魂を大津の渟中倉の長峡《ながお》（摂津国住吉郡の住吉大社）に祀ったという。荒魂は祟る怖い神のことだ。

平安時代に紀貫之《きのつらゆき》が記した『土佐日記《とさにっき》』にも、住吉大社の沖合で海が荒れ、船から鏡を投げ入れたら、水面は鏡のように穏やかになったという記事が載る。

仲哀天皇は住吉大神の託宣を無視して急死したが、なぜ古代人はそれを住吉大神の祟りとみなしたのだろう。そして、なぜそんなに、住吉大神が恐ろしいと感じたのだろう。祟りは、祟られる側に後ろめたいことがあったときに、大きな力を発揮する。

人びとに恵みをもたらすありがたい神は、元々は災禍をもたらす厄介な神だったとすでに説明している。荒魂を丁重に祀ることで、ようやく和魂に変化してくれる。パワーが大きく恐ろしいほど、恵みも多い。とすれば、住吉大神はただの海神ではなく、だれもが認める「大いなるパワーを秘めた神」だったのだろうか。なぜ、そう信じられたのだろう。

住吉大神は自らゴシップを暴露した?

ところで、記紀神話に登場する代表的な海の神は綿津見神《わたつみのかみ》と宗像神《むなかたのかみ》と住吉大神だが、綿津見神と宗像神には、末裔がいる。綿津見神は阿曇氏らが祀る神（『日本書紀』）で、阿曇氏らが祖神として祀る神だ（『古事記』）。宗像神は、筑紫の胸形君等《むなかたのきみら》が祀り仕える神（『古事記』）で、綿津見神と宗像神を祖神と仰ぐ人びとが存在する。海神だけではない。多くの神々には、末裔がいる。たとえばヤマトを代表する大物主神の末裔は三輪氏だ。ところが、住吉大神を祖神とする者たちがいない。前田晴人《まえだはると》はその理由を、住吉大神の奉祭勢力が王権だったからと指摘した（『神功皇后伝説の誕生』大和書房）。すでに述べたように、住吉大社の神官は津守氏が務めてきたが、彼らは、尾張系の氏族であり、住吉大神の末裔ではない。

なぜ、王家は住吉大神を丁重に祀ったのだろう。もし仮に、仲哀天皇が天皇家の祖としたら、そして、住吉大社の伝承通り、仲哀天皇の不審な死のあと、住吉大神と神功皇后が夫婦の秘め事をしていたのなら、「恨むのは天皇家の側」であり、住吉大神の祟りに脅える必要はまったくない。

この、「古代史最大の矛盾」を、どうやって解き明かせばよいだろう。あるいは、住吉大社の伝承がでたらめなのだろうか。もしそうなら、なぜ王家は住吉大神を祀ったのか。やはり、謎は解けない。

ここで思い出すのは、おとぎ話・一寸法師の「設定」だ。一寸法師は成長しない童子であり「化け物か何かそういう類に違いない」と、放逐されそうになった。一寸法師は鬼退治の英雄だが、あきらかに鬼あつかいされている。ところが、その父母も、けっして恵まれた環境で育ったわけではなかった。かつては立派な役職を得ていたが、地方に追いやられ、零落していた人たちだ。この物語の構成が、ここにいたり、妙にひっかかってくる。不運な人びとは、なぜ住吉大社とかかわっていたのだろう。住吉大神も、「何かの原因で零落し、何かに恨みを抱く神」なのではなかったか。

『日本書紀』は、住吉大神にまつわる、真相を闇に葬り、住吉大社はその秘密を「何らかの形で明らかにしたい」と念じ、「あの晩、神功皇后と住吉大神は夫婦の秘め事をした」と、歴史がひっくり返りかねないゴシップを自ら暴露したのではなかったか。しかし、あまりにも「馬鹿馬鹿しい話」に、だれもが無頓着だったのではなかったか。もちろん、史学者も、この伝承を真面目に取り合っていない。

そもそも、住吉大神は、何者なのだ？　それすらわかっていないではないか。住吉大神＝神話の架空の存在が、なぜ神功皇后の夫になってしまったのか。

仲哀紀は応神の系譜を無視している

『日本書紀』と『古事記』は、仲哀天皇と神功皇后の間に応神天皇は生まれたと言う。

『古事記』は、品夜和気命《ほむやわけのみこと》の弟が大鞆和気命《おおともわけのみこと》で、またの名を品陀和気《ほむだわけの》命だったと言い、大鞆和気命が太子だったという。つまり、弟が応神天皇となる。

『日本書紀』には一つ不自然なことがある。皇太子や、次に王に立つ者なら、天皇の存命中のどこかで、系譜記事が載る。普通は冒頭に記される。ところが『日本書紀』の場合、仲哀天皇の生涯の中で、応神の系譜は省略されている。

仲哀二年春正月条に、次の記事がある。

気長足姫尊《おきながたらしひめのみこと》を立てて皇后となされた（神功皇后）。これよりも前に、叔父の彦人《ひこひとの》大兄《おおえ》の娘の大中姫《おおなかつひめ》を娶って妃とし、麛坂皇子《かごさかのみこ》と忍熊《おしくまの》皇子を生んだ。

また、別の女性との間に男子が生まれたと記録するが、この場面でなぜか応神が登場しないのだ。ここが不可解なのだ。

仲哀八年九月、仲哀天皇が神の言いつけを疑い逆らったとき、神は「今皇后は御子を身籠もった」と記録するが、その御子が何者なのかは省略している。また、新羅に向かうとき、臨月だった皇后は、腰に石を挟み、出産を遅らせ、事を成し遂げて帰国した折にこの地で生まれることを祈った。そして凱旋後、十二月に「誉田天皇《ほむたのすめらみこと》（応神天皇）」を筑紫で生み落としたと、ここで初めて名が出てくる。

なぜ、仲哀天皇紀の他の皇子たちとともに、正妃の息子が紹介されなかったのだろう。これは、『日本書紀』の記事では異例中の異例なのだ。

もうひとつ気になることがある。それは、応神天皇の誕生日がハッキリ分かっていることで、これも珍しいことだ。しかも、仲哀天皇が亡くなる前夜から十月十日後に、生まれている。これも不自然なことなのだ。と言うのも、科学的に言えば、妊娠から出産までの期間は、十月十日ではなく、もっと短い。『日本書紀』は、神功皇后は産み月を遅らせるために「腰に石を挟んだ」と言っているから、「仲哀天皇が生きているときに神功皇后と夫婦の秘め事をした」と、あえてアリバイ証明をしていることになる。強調するからこそ疑われるのだ。本当に応神は仲哀天皇の子なのだろうか。

仲哀天皇が亡くなられた晩、『日本書紀』によれば、仲哀天皇とともにいたのは託宣を下した神と神功皇后と武内宿禰と中臣某だったという。しかし『古事記』には、託宣を下した神と神功皇后と建内宿禰だけが、そこにいたといっている。そして、仲哀天皇が亡くなって、住吉大神は神功皇后と夫婦の秘め事をしたと住吉大社は語り継ぎ、仲哀天皇を祀っていない。

『古事記』を信じれば、その場に居合わせた「生きている男」は、建内宿禰だけということになる。応神天皇の父は、建内宿禰（武内宿禰）ではなかったか。

応神天皇の父は武内宿禰？

応神の父が武内宿禰だったという仮説は、すでにある。たとえば推理作家の高木《たかぎ》彬《あき》光《みつ》は、仲哀天皇以外の人物で応神の父の可能性があるのは、武内宿禰であり、常に行動をともにしていることを重視した（『古代天皇の秘密』角川文庫）。

例の十月十日の記事に注目した安本《やすもと》美典《びてん》は、精神病理の観点から、神功皇后の「忘我（トランス）状態」を分析し、「憑依性精神病」「二重人格」とみなし、心の中に潜んでいた思いが神の言葉を借りて表出されたと理解した。潜在的な殺意と応神天皇誕生の異常な様を重ねると、応神は仲哀天皇の子ではなく、武内宿禰の子であり、武内宿禰の末裔は天皇家の外戚になることで、武内宿禰の遺伝子が繰り返し増幅され、「絢爛たる閨閥《けいばつ》」を形成したという（『応神天皇の秘密』廣済堂出版）。

『古事記』は建内宿禰の末裔に蘇我氏がいると明記している。ところが『日本書紀』は、武内宿禰と蘇我氏の関係を黙殺している。通説は『古事記』の証言を無視するが、『日本書紀』を読んでも、六世紀後半から七世紀にかけて、絶大な権力を保持した蘇我氏の祖の素性がわからないのは信じがたい。これも不自然だ。物部氏、大伴氏、阿曇氏や隼人でさえ、遠祖の活躍を『日本書紀』は記録している。神話の時代から続く氏族や欠史八代の時代に登場する氏族も多い。ところが、蘇我氏に限って、なぜか祖が定かではない。

すでに述べたように、『日本書紀』編纂の中心に藤原不比等が立っていた可能性は高くなってきた。藤原不比等の父は中臣鎌足で、蘇我本宗家を滅亡に追い込んだ中心人物だ。蘇我氏を大悪人に仕立て上げるための歴史書が『日本書紀』であり、藤原不比等は父の業績を飾り立てただろう。その過程で、蘇我氏の正統な系譜が邪魔になり、ヤマト建国にさかのぼって歴史を改竄したのではなかったか。逆に、住吉大社は『日本書紀』の「大嘘」を暴露するために、「あの晩、住吉大神と神功皇后は夫婦の秘め事をした」と書き残したのだろう。

住吉大神と武内宿禰の接点

住吉大神の別名は塩土老翁《しおつちのおじ》だ。住吉三神が一柱にまとまると塩土老翁になると考えられている。

塩土老翁の属性は「王家を導く者」であり、これが武内宿禰とよく似ている。塩土老翁は字にあるように老人だが、武内宿禰は三百歳以上の長寿をまっとうし、北部九州の各地で、応神を抱く好々爺《こうこうや》の姿で「像」や「絵画」になって伝わっている。

武内宿禰は長寿の人であった。これは、『日本書紀』も認めている。第十二代から第十六代に至る天皇に仕えている。景行天皇から、成務《せいむ》・仲哀（神功皇后）・応神・仁徳という途方もない時間だ。

『日本書紀』仁徳五十年春三月条に、仁徳天皇が武内宿禰に贈った次の歌がある。

たまきはる　内《うち》の朝臣《あそ》　汝《な》こそは　世《よ》の遠人《とおひと》　汝《な》こそは　国の長人《ながひと》　秋津嶋《あきづしま》　倭《やまと》の
国に　鴈産《かりこ》むと　汝は聞かすや

朝廷に仕える武内宿禰は長寿の人で日本一の長生きだから、なんでも知っているだろう、という趣旨の歌だ。

『因幡国《いなばのくに》風土記』逸文には、仁徳天皇の五十五年春三月、大臣武内宿禰は三百六十余歳にして、因幡に下向し、宇倍《うべ》山（鳥取県鳥取市）に入り、行方をくらました（この地で亡くなった）とある。

　武内宿禰には老人のイメージが強烈に焼き付いているのだ。そして武内宿禰は、応神をヤマトに導き、守った。これも、塩土老翁と共通する属性なのだ。住吉大神＝塩土老翁は武内宿禰で、武内宿禰と神功皇后の間に生まれた子が応神天皇であり、『日本書紀』はこの夫婦の存在をどうやって消し去るかに腐心したのではなかったか。

　塩土老翁は、神話の時代から活躍している。

『日本書紀』神代下第九段一書第四に、ニニギが天孫降臨した際、吾田の長屋の笠狭《かささ》の御崎《みさき》（鹿児島県南さつま市笠沙町の野間岬）に至り、神に出逢う。名は事勝国勝長狭《ことかつくにかつながさ》で、ニニギは「ここに国はあるのか」と問うと、「ある」と言う。さらに、「勅《みことのり》のままに（命じられるままに）献上いたしましょう」と言うのだ。ニニギはここに棲みついた。事勝国勝神《ことかつくにかつかみ》（事勝国勝長狭）はイザナキの子で、またの名は塩土老翁だとある。

『日本書紀』神代下第十段の海幸山幸神話で、困窮する山幸彦に無目籠《まなしかたま》を与えて海神の宮に誘《いざな》ったのが、まさに塩土老翁だ。海幸山幸神話は『日本書紀』の中に複数の異伝が記録されている。同段一書第四に塩土老翁は「塩筒老翁《しおつつのおじ》」の名で登場し、ここでは山幸彦を籠（無目籠）に乗せるのではなく、「海神の乗る駿馬は、八尋鰐《やひろわに》（巨大なサメ）だ。これは背びれを立てて、橘之小門《たちばなのおど》（現世と海の国の境）にいます。私は、八尋鰐と策を練ろうと思います」とある。

籠とサメの違いがあるが、ここでも、塩筒（土）老翁が、天皇家の祖神を導いている。

また、神武天皇に「東の方角に国の中心にふさわしい土地がある（ヤマト）」と教えたのも、塩土老翁だ。塩土老翁はことあるたびに、王家の祖を助け、導いていた。

ちなみに、「導く」という塩土老翁の属性は、のちの時代にも語り継がれたようで、『万葉集』巻六―一〇二〇に、奈良時代の公卿《くぎょう》・石上乙麻呂《いそのかみのおとまろ》（石上麻呂の三男）が土佐国に流されるときの歌が載る。石上乙麻呂が乗った船の舳先《へさき》に「申すも憚《はばか》りの多い住吉の現人神《あらひとがみ》」に鎮まっていただき、荒い波や強い風にあうこともなく、航海の無事を祈念するという内容だ。

山幸彦は天皇家の祖であるとともに『日本書紀』に登場する「浦島モドキ」のひとりであり、そこに住吉大神がからんでくるのは、なぜだ。

住吉大神は星？

住吉大神の正体は「星」とする有力な説があり、これを当てはめると、「浦島太郎」までもが、関係性を持ってきてしまうから、注意が必要だ。

そこで、住吉大神と星について考えておきたい。

江戸時代に住吉大神は、海と航路を主宰する神と考えられていた。次第に、「津（船舶の来着・出発が可能な海岸、河岸）」を守る神ではないかと疑われ、さらに船の帆を立てる柱穴は「筒穴」と呼ばれるが、その底に船霊《ふなだま》を祀るので、「筒男神」の信仰が成立したと考えられもした。さらに、対馬の阿曇氏が拠点にした豆酘《つつ》の地名からとられた説なども生まれたが、次第に「星」説が有望視されるようになってきた。

「筒」は「ゆうつづ（宵《よい》の明星《みょうじょう》）」「星《つつ》」と考えられていて、底と中と上に三つある「ツツ（星）」は、オリオン座（中国名が参宿《しんしゅく》）の中央に燦然《さんぜん》と輝くカラスキ星（三つ星）で、海の民が航海の目印にしたという（倉《くら》野《の》憲司《けんじ》『日本古典文学大系 1 古事記 祝詞』）。

ちなみに「カラスキ星」の名は、牛馬に引かせる刃の広い鋤《すき》である「からすき」の、柄が曲がっているという特徴から三つ星の形に似ているとしてつけられた。

『万葉集』巻二－一九六の柿本人麻呂《かきのもとのひとまろ》の歌の一節に「星《つつ》」が登場する。

「夕星《ゆうつづ》の　か行きかく行き　大船《おおぶね》の　たゆたふ見れば　慰《なぐさ》むる　情《こころ》もあらぬ」

夕星があちらに行き、こちらにやってきて、（大船の）揺れているのを見るにつけ、自分の心を慰めるすべがない、といっている。ここに「夕星」が「大船」の枕詞となって記録されていて「ツツ（星）」と「船」に接点が見出せる。

中央に三つの星が並ぶオリオン座は、海人にとって大切だった。二月上旬、真冬の宵に南中する。三つ星は天の赤道を通り、真東から上って真西に沈む。三つ星が、順番に東から姿を現し、また、西の空に消えて行く。夜間の海上では羅針盤の役割を果たす。

住吉大社の社殿は第一本宮から第四本宮まであり、第四本宮は神功皇后を祀り、第一から第三の本宮は東西に独立して建ち、住吉三神を祀る。たいがいの場合、神社は南面しているが、住吉大社は例外的だ。西北西を向いていて、しかも、第一宮から第三宮まで、直線上に並んでいる。方角を意識していることは明らかで、これは、旧正月（立春）の朝日を意識しているという指摘がある。

大和《おおわ》岩雄《いわお》は「オリオン星座の子午線経過は二月五日、立春の翌日であるから、そのことにかかわるとも思われる」（『日本の神々 3』谷川健一《たにがわけんいち》編 白水社）と推理する。

住吉大神の別名である塩土老翁の「塩」は「潮」で「土（ツツ）」は「星」に通じる。

住吉大神は海の神で、だからこそ、星と強くつながっていたことがわかる。

そこで問題となってくるのが、「浦島太郎」とのつながりなのである。

住吉大神は太陽でもある？

浦島太郎と星には、小さな接点がある。『丹後国風土記』逸文の中で浦島太郎は海の仙境にたどり着くが、このとき、門の前に大勢の竪子《わらわ》（童子）が現れ、「この方は亀《かめ》比売《ひめ》の夫だ」と語り合った。彼らの内七人の童子は昴星《すばる》（二十八宿の星のひとつ。牝牛座のプレアデスの和名）で、八人の童子は畢星《あめふり》（こちらも二十八宿の星のひとつ）だった。星は天上界にあって、海の仙境にもあると信じられていたのだろう。星は、東の海上から上ってきて、西の海に沈んでゆくから、海の民にとっては自然な発想だと思う。

　この内、畢星はオリオン座（参宿）の隣にあり、さらに昴星は、その隣にある。やはり、浦島太郎と星は結ばれている。『丹後国風土記』逸文には、浦島太郎は「筒川」の住民だったことが記され、「ツツ」の浦島太郎は、「星」の浦島太郎だった可能性を示している。『万葉集』も、浦島太郎説話の舞台を「墨江の」と言っている。これは、丹後半島の地名と考えられているが、こうなってみると、「墨江は住吉」の疑いも出てくる。

　すでに触れたように、『丹後国風土記』逸文に登場する浦島太郎は「筒川嶋子」であり、「筒（ツツ）」は塩土老翁の「ツツ」だ。さらに記録したのはこれを日下部首《くさかべのおびと》で、『新撰姓氏録』には彦坐命（彦坐王《ひこいますのみこ》）の末裔とある。この彦坐命が、奇妙な人脈をたぐり寄せている。住吉大社で祀られる神功皇后の母方の祖は天之日矛《あめのひぼこ》だが、父方の祖は日子坐王《ひこいますのみこ》（彦坐王）で、日下部首は摂津とかかわりをもち、ここにも、浦島太郎の人脈に、住吉大社との接点が見え隠れしている。住吉大神をめぐるおとぎ話は、一寸法師だけではなかったのだ。

　ただし、浦島太郎と住吉大神がつながってくるというだけの話ではなく、強調しておきたいのは、住吉大神にはもっと違う顔があるということなのだ。なぜか、星と住吉大神は太陽信仰とかかわってくる。大和岩雄の推理を追ってみる。まず、漢字の「星」は、「太陽（日）」と「生まれる」から成り立っている。太古の中国では、星は太陽の子だったことがわかる。中国では文明が発達し、強い王が出現し、一神教的な信仰が芽生え、「太一《たいいつ》」がもっとも大切な存在となった。太一は宇宙の動かない一点「北極星」だ。ところが日本は、多神教世界に留まったし、太陽信仰を捨てなかった。だから、星は太陽の子なのだ。

大和岩雄は、住吉大社に祀られる神功皇后に関して、日神《ひのかみ》を祀る大日女《おおひるめ》（大日孁貴《おおひるめのむち》）で最高の巫女だったが、祀られる日神そのものになって住吉大社に祀られたと考えた。そして、母神は「日」で、日の御子神《みこがみ》（応神）は「星」と指摘した。

その一方で大和岩雄は、住吉大神も日神の性格があると指摘している。『住吉大社神代記』に、天の下に日神を出し奉ったのは船木《ふなき》氏の遠祖・大田田命《おおたたのみこと》とある。「船木」は船材であるとともに、船霊（日神）が宿る筒柱の「船木」だ。ここで話は伊勢神宮に飛ぶが、伊勢の御神体（鏡・日神）は船に乗せてあり、この床の下に、「心《しん》の御柱《みはしら》」が屹立している。これが筒柱で、この図式は、船木氏のあり方に似ている。

大田田命は神功皇后のために船を造り、神功皇后や日の御子を乗せたという。大田田命の末裔の船木氏は津守氏とともに住吉大社の神官を務め、日神を出し奉った船木氏が住吉大社にかかわるのは、住吉大社が日神だったからと、大和岩雄は言う。

ちなみに、船木氏が造った船を武内宿禰が祀り、それが紀州の三つの神社になったが、これらは紀直《きのあたい》（紀国造《きのくにのみやつこ》）の氏神だったと『住吉大社神代記』は記録する。紀直の娘の子の武内宿禰の末裔が、紀臣になっていく。また、『住吉大社神代記』には、大田田命の子の神田田命の孫が伊勢の船木にいる伊勢都比古命《いせつひこのみこと》だとある。

このように、住吉大神は、海の民の太陽神の性格が強いことがわかる。

天香具山はヤマトの物実

一寸法師と住吉大社の話をしていたのに、いつの間にか浦島太郎が割りこんできた。それほど、住吉大神の存在は、古代史の「しこり」として残っていたということではなかったか。権力者（具体的には藤原氏）にとって、住吉大神と住吉大社は、厄介な存在だったろうし、だから、敗者を含め、藤原政権に苦しめられていた人々は、おとぎ話の中で「真相を残そう」と躍起になっていたのではなかったか。

そこでもう少し、住吉大社の話をしておきたい。

ヤマト建国は東海勢力の奈良盆地入りから始まった。そして、吉備が主導権を握り、北部九州に進出していた神功皇后らが吉備に裏切られ、散り散りに逃げたこと、そのうちの中心メンバーが、南部九州に逃れ、のちに祭司王としてヤマトに迎え入れられたことは、第三章で述べたとおりだ。

その過程で、神功皇后と住吉大神は夫婦の秘め事をし、生まれ落ちたのが応神天皇だった。そして『日本書紀』は、「応神天皇は九州で生まれ、瀬戸内海を東に向かった」と説明する。また、応神の異母兄たちが立ちはだかり、ヤマト入りを阻止しようと陣を張っていた。応神の一行は一度紀伊半島に迂回し、そのあとヤマト入りに成功している。この行程、神武のそれにそっくりだ。応神と神武は、同一人物であろう（拙著『神武天皇vs.卑弥呼』新潮新書）。

そこで注目してみたいのが、神武天皇の天《あまの》香《か》具《ぐ》山《やま》祭祀のことなのである。

すでに述べたように、神武はヤマト入りに際し、盆地に充満していた敵の軍勢を見やり、「とてもではないが勝ち目はない」と考えた。そこで占ってみると、「天香具山の土を採ってきて土器を造り、天神地祇を祀ればよい」ということなので、その通り実行した。このとき、椎根津彦《しいねつひこ》（珍彦《うずひこ》）がボロを着て敵の前を怪しまれずに通りすぎた。椎根津彦は無事に任務を果たし、神武は祭祀をして、ヤマトの王に立った。

ヤマトの王家にとって天香具山は非常に重要だったようで、のちの時代に謀反が起きたときも、天香具山の土の奪いあいになっている。天香具山はヤマトの「物実《ものざね》（ヤマトそのもの、ヤマトの象徴）」と考えられていたのである。

『日本書紀』神話にも、天上界の天香山《あまのかぐやま》（天香具山）が登場する。アマテラスが天石《あまの》窟《いわや》に隠れたとき、多くの神々が知恵を出し合ってアマテラスを引き出すが、このときアマノウズメ（天鈿女命《あまのうずめのみこと》）が「天香山」の真坂樹《まさかき》（境界の木。聖域を示す）をもって鬘《かずら》にして、舞い、踊ったという。

畝傍山は天香具山の代用になった？

ここで注目したいのは、住吉大社が畝傍山《うねびやま》の西側の畝火山口坐《うねびやまぐちにます》神社で、神武が天香具山で行った祭祀をそっくりそのまま執り行っていることなのだ。古代の話ではない。

今でも続いている。

畝傍山が王家にとって大切だったことは、改めて述べるまでもない。『日本書紀』も『古事記』も、神武天皇は畝傍山の麓に宮を置いて即位したと言っている。

『万葉集』巻一―二九は、柿本人麻呂が廃都となった近江京《おうみきょう》に立ち寄ったときの歌で、ここに興味深い言葉が並ぶ。

玉だすき　畝傍の山の　橿原の　ひじりの御代《みよ》ゆ　生《あ》れましし　神のことごと　つがの木の　いやつぎつぎに　天の下知らしめししを（中略）

柿本人麻呂の時代、初代王が畝傍山の橿原宮で誕生したと、考えられていたことがわかる。ここにある「ひじり」は「聖」ではなく、「日知り」で、太陽の運行を知る人の意味と考えられている。

畝火山口坐神社は、昭和十五年（一九四〇）に橿原神宮の大拡張事業が始まるまで、畝傍山の山頂に祀られていたようだ。神宮や御陵を見下ろすのは不敬だからと、当局から命じられ、西の山麓の旧御旅所に移し祀られた。ただし、もともとは畝傍山の東側の山麓に建っていたらしい。祭神は気長足姫《おきながたらしひめ》命（神功皇后）、豊受比売《とようけひめ》命（伊勢外宮の豊受大神《とようけのおおかみ》）、表筒男命（住吉大神）で、神官を務めてきたのは武内宿禰の末裔だ。宝暦《ほうれき》九年（一七五九）の古文書にすでに記録されている「埴使《はにつかい》の神事《しんじ》」の記録があり、山頂の石垣をめぐらした中に白檮《かし》の木が植えてあって、そこで埴土《はに》を採る。住吉大社の宮司とネギと主典が埴使となりやってくる。途中、河俣《かわまた》神社（橿原市雲梯《うなて》町。鴨《かも》八重事代主神《やえことしろぬしのかみ》を祀る）で装束を着替え（整え）、畝傍山に登る。ちなみに、この神事ゆえ、河俣神社は「装束の宮」とも呼ばれ、『出雲国造神賀詞《いずものくにのみやつこのかむよごと》』に登場する「大穴《おおあな》持命《もちのみこと》が出雲の四柱の神を皇孫《すめまの》の命《みこと》の近き守神としてヤマトに鎮座させた神々」の中の「事代主命の御魂を宇奈提《うなて》に」とある社と考えられている。由緒正しい神社だ。

そして埴使の神事は、神武紀の故事に従い、住吉大社が執り行ってきたもので、本来は天香具山の土を求めていたが、畝傍山に代えられたという（『摂津名所図会』）。

なぜ天香具山祭祀が重要だったのか

それにしてもなぜ、天香具山の土を採って天神地祇を祀ればヤマトの王になれるという不文律があったのだろう。なぜ、天香具山が大切にされたのだろう。これには理由があったと思う。

神武天皇がヤマト入りしたとき、ナガスネビコは生駒山に陣取り、神武をはね返した。やむなく神武は紀伊半島を迂回してヤマトを目指した。これをニギハヤヒは受け入れ、ナガスネビコは最後まで抵抗したために、ニギハヤヒに殺されてしまった（『日本書紀』と『古事記』）。『先代旧事本紀《せんだいくじほんぎ》』には、ニギハヤヒではなく、子の宇摩志麻治《うましまぢの》命《みこと》がナガスネビコを殺したと言う。ナガスネビコの妹がニギハヤヒに嫁ぎ、その間に生まれた子が宇麻志麻治命だから、『先代旧事本紀』の記事を信じれば、ナガスネビコは甥っ子に殺されたことになる。いずれにせよ、ナガスネビコは頑なに神武を拒み、身内に殺され、ヤマトを恨んだわけである。

『日本書紀』も『古事記』も『先代旧事本紀』も、神武よりも先にニギハヤヒがヤマトにいて、それよりも早くナガスネビコがヤマトに君臨していたといっている。ナガスネビコはいち早くヤマトに登場した尾張系と思われ、ヤマトの主導権を握ったのは吉備のニギハヤヒだ。ただし、東海地方はこのあと精彩を欠いていく。それに尾張氏は中央政界で活躍していない。一時は、日本列島を二分する「前方後方墳VS前方後円墳」という図式を築き上げた東海勢力は、見事に零落した。この考古学の指摘は、そっくりそのまま、ナガスネビコの悲劇につながっている。

問題は、『日本書紀』がナガスネビコと東海のつながりを抹殺したこと、七世紀の尾張氏の活躍も、『日本書紀』は隠滅してしまった。ヤマトに隠然たる影響力を及ぼし続けた東海地方の歴史は、闇に葬られたのだ。その証拠に、日本を代表する東海の霊山は、『日本書紀』に一言も記録されていない。それが、富士山であり、『竹取物語』の最後の場面に富士山が登場するのは、実に印象的ですらある。

『先代旧事本紀』が尾張氏を物部氏の系譜に組みこんだわけ

「天香具山」から連想するのは、尾張氏の祖の「天香語《あまのかご》（具）山命《やまのみこと》」だ。大和三山（天香具山、畝傍山、耳成山《みみなしやま》）のひとつ天香具山は、尾張氏と強くつながり、しかも、王家と何かしらの接点があったのではないかと思えてくる。

『日本書紀』には、天香語山命は天香山の名で登場し、「命」の尊称がつかない不思議な神だ（意外に尊称の欠如や差の付け方は重要なのだ）。

『日本書紀』神代下第九段一書第六に、次の系譜が載る。天忍穂耳尊《あまのおしほみみのみこと》（天照大神の子）が高皇産霊尊《たかみむすひのみこと》の娘の栲幡千千姫万幡姫《たくはたちちひめよろずはたひめ》を娶って生まれたのは天火明命《あまのほあかりのみこと》で、次に天津彦根火瓊瓊杵根尊《あまつひこねほのににぎねのみこと》だ。また、天火明命の子の天香山は尾張連の遠祖だとある。天津彦根火瓊瓊杵根尊の孫が神日本磐余彦尊《かむやまといわれびこのみこと》（神武天皇）で、ここに「天香具山」と天皇家のかすかな関係が見えてくる。

つまり、この『日本書紀』の記事を信じれば、尾張氏は天皇家の系譜から枝分かれしたことになる。そしてここに、「天香（具）山」という人物がかかわっていたわけだ。

ただし、ここから話は奇妙なことになって行く。『先代旧事本紀』は、ニギハヤヒ（天照国照彦天火明櫛玉饒速日尊《あまてるくにてるひこあまのほのあかりくしたまにぎはやひのみこと》）の息子のひとりに天香語山命がいて、その末裔が「尾治《おわり》（尾張）氏」だと言っている。しかも、『先代旧事本紀』は平安時代に記された物部系の歴史書なのに、天皇家、物部氏の歴史を記録したあと、尾張氏の系譜も同様に記録している。ここに、大きな謎が隠されている。

『先代旧事本紀』も『日本書紀』も、「ニギハヤヒの末裔は物部氏」と記録している。とすれば、『先代旧事本紀』は「物部氏と尾張氏の遠祖はニギハヤヒ」と言っていることになる。これは、「尾張氏と天皇家の遠祖は同じ」と位置づけた『日本書紀』の証言と真っ向からぶつかってしまう。これはいったいどういうことなのか。『日本書紀』と『先代旧事本紀』のどちらかが嘘をついているか、あるいは両方とも嘘をついている可能性がある。


この謎を解く鍵は、「尾張系のナガスネビコ」だ。

『日本書紀』の記事から、ナガスネビコはヤマト土着と考えられがちだ。しかし、すでに触れたように、考古学はヤマト建国前後の日本列島（東北北部や北海道を除く）の勢力圏が、「東の前方後方墳と西の前方後円墳」にほぼ二分されていたことを明らかにしている。そして、弥生時代後期の近畿地方南部は鉄の過疎地帯で、貧しい地域だった。奈良盆地の首長がヤマト建国の大きな柱になっていたとは考えられず、ニギハヤヒが瀬戸内海から前方後円墳の原型をヤマトに持ち込み、これに対抗する勢力がヤマトで待ち構えていたと考えざるを得ない。そして、ニギハヤヒを迎えいれたのが、前方後方墳文化圏を作りあげた東海勢力であり、その長がナガスネビコだった。つまり、尾張氏の遠祖がナガスネビコだろう。

ニギハヤヒはナガスネビコの妹を娶り、両者は大同団結したと考えられる。ニギハヤヒとナガスネビコの妹の間に生まれた宇麻志麻治命が物部氏につながり、その母系は尾張系だった。だからこそ『先代旧事本紀』は、あえて尾張氏を「物部の系譜」にすべり込ませ、尾張氏の歴史を記したのだろう。

この経緯が分かったところで、改めて住吉大社が畝傍山で、「ヤマト建国から続く祭祀」にこだわり続けてきた理由を考えてみたい。

尾張氏の山が天香具山

大和三山は、ヤマト建国に関わった三つの勢力を象徴していたと筆者は推理する。東海、吉備、そしてタニハ（但馬、丹波、丹後、若狭）だ。

まずタニハは近江や東海に文物を流し発展を促した上で、北部九州進出を目論んだ。東海勢力は急速に発展し、いち早く奈良盆地に乗り込んでいる。吉備（瀬戸内海）は河内に進出し、ヤマト建国の主導権を握った。

この三つの地域が大和三山の山々に重なっている。

畝傍山は王家（タニハ）だ。神武天皇が宮を建てたのは、ヤマトの政治の中心だった纏向ではなく、畝傍山麓だった。この一帯は、弥生時代に稲作が東に向かってきたとき、東側の人びとが土偶と呪術をもってはね返そうとした場所だ（橿原遺跡）。稲作の流入とともに、新たな疫病が流入し、縄文人の末裔たちは、「西に出っ張った東」の奈良盆地で、文明や稲作や疫病を退けようと目論んだのだろう。

次に、天香具山は尾張（東海勢力）であろう。やはり、尾張氏の祖の「天香語（具）山命」の名を冠している意味は、無視できない。そして、残った耳成山は物部（瀬戸内海勢力）と考えられる。

中大兄皇子が大和三山の歌を残している。それが『万葉集』巻一―一三だ。

香具山《かぐやま》は　畝火《うねび》雄《を》々《を》しと　耳梨《みみなし》と　相《あひ》あらそひき　神代《かみよ》より　斯《か》くにあるらし　古《いに》
昔《しへ》も　然《しか》にあれこそ　うつせみも　嬬《つま》を　あらそふらしき

諸説あるが、畝傍山（王家）との婚姻関係を結ぼうとする耳梨（耳成）と香具山の暗闘を謳いあげていると思われる。

『播磨国風土記』揖保郡《いいぼのこおり》上岡《かみおか》里条に、出雲の阿菩大神《あぼのおおかみ》がヤマトの国の三山が争っていることを知って、諫めて止めようと出向いたが、この地（兵庫県たつの市）までやってきたが、争いが終わったことを知り、乗っていた舟を裏返し、鎮座したとある。

ここにも、ヤマト建国と神話が重なっていて、しかも、ヤマトの三大勢力が競合し、和睦したと言っている。

ただし、細かく見て行くと、ヤマト建国の前後の主導権争いは複雑に推移し、きれいに三勢力がひとつになった訳ではなかった。

問題は、ニギハヤヒがナガスネビコを裏切って殺したことで、事実、東海勢力はハズレクジを引いた可能性が高いことだ。考古学的にもそう考えざるを得ない。あるいは、ヘソを曲げた「東海」が、ヤマトにそっぽを向き、東にとじこもり、独自の歩みを始めた可能性も疑っておきたい。

そして、なぜ神は神武天皇に「天香具山を祀ればよい」と教えたのか、そして、こののち「天香具山を支配した者が王位に就ける」と信じていたのか、その理由は、「尾張の恨みと祟り」が強烈だったからではなかったか。尾張に頭を下げて怒りを鎮めなければ王位に就けないと信じたのだろう。

　実在の初代王と目される第十代崇神天皇の母と祖母は物部系だったと『日本書紀』は言い、これは、崇神天皇が物部系で、要するにニギハヤヒだったからで、日本海の大物主神の祟りを鎮めるために、タニハの王家の末裔で南部九州に逼塞していた神武をヤマトに呼び寄せ、大物主神を祀らせたのだろう。ところがここで、ナガスネビコは神武のヤマト入りに抵抗し、ニギハヤヒ（崇神）に殺されてしまった。このアクシデントは、政権に深い傷を残し、ヤマト建国の立役者であった尾張系の中心勢力は、ヤマトを去って行ったと思われる。その代わり尾張氏は、東海から越《こし》にかけて、地盤を固めていったのだろう。六世紀初頭に越（福井県）の継体《けいたい》天皇を後押ししていたのは尾張氏だった。ヤマト政権にとって、東海は「不気味で恐ろしい地域」に変貌していったのではなかったか。

　そして、だからこそ、尾張、東海の恨みと祟りを鎮めようと、神武天皇は大物主神だけではなく、天香具山を丁重に祀る必要があったということだろう。

藤原氏が消そうとしたのは
蘇我氏の祖がスサノヲでヤマト建国の英雄だったこと

一寸法師のおとぎ話を解き明かすために、ずいぶんと遠回りをしてしまった。

住吉大社の申し子だった一寸法師は、ただの鬼退治の英雄ではなかった。両親は零落した人びとで、老いても跡継ぎができなかった。住吉大神にすがってようやく生まれた子は、いつまでたっても成長しない。「こいつは化け物か」と言っている間に一寸法師は家出して、人様を騙し美女をかっさらい、その勢いで（鬼だから）鬼を退治した。

一寸法師は、手に負えない鬼だった。それはなぜかといえば、住吉大神の申し子だったからで、住吉大神もまた、歴史の敗者であり、祟る恐ろしい神だったのだ。

その住吉大神の別名は塩土老翁で、この神が武内宿禰とよく似ていた。

古代史を解く鍵は、武内宿禰やその末裔の蘇我氏が握っていると思う。そしてそのヒントを、住吉大社が語り継いできたのではなかったか。

すでに触れたように、スサノヲは「スガ」に宮を建て、子の名は「スガ」だったが、但馬一宮の粟鹿《あわが》神社では「スガ」が「ソガ」に入れ替わっていた。このように、「スサノヲのスガ」は、「蘇我氏のソガ」であった。拙著『スサノヲの正体』で詳述したように、スサノヲはタニハから朝鮮半島に渡り、鉄の王となって日本に戻ってきた人物だ。タニハだけではなく、近江や東海にも繁栄をもたらし、ヤマト建国のきっかけを作った英雄だ。さらに、北部九州と手を組んでいた出雲の圧迫をはね返し（考古学的にタニハが西に圧力をかけていたことがわかっている）、逆に併呑したのだろう。スサノヲこそ、ヤマト建国の主役であり、だからこそ、北部九州から南部九州に逃れ零落し、ヤマトを恨んだ。そのためにヤマト政権はスサノヲを祟る恐ろしい神とみなしている。『日本書紀』は、七世紀半ば、蘇我入鹿や蘇我本宗家を滅ぼした中臣鎌足の子の藤原不比等が編纂した。したがって、蘇我氏を大悪人に仕立て上げ、蘇我氏の古く長い歴史と活躍を抹殺する必要に迫られたのだろう。

逆に、八世紀以降の蘇我氏や没落した豪族たちは、藤原氏によって抹殺された歴史を、おとぎ話を駆使することによって、後世に残そうと考えたのではなかったか。

また、各地の神社伝承や祭りの中に、真実の歴史が隠されていることもある。たとえばそれが、宇佐八幡宮《うさはちまんぐう》と、周辺で行われる祭祀なのだ。

宇佐八幡宮の謎

宇佐八幡宮の現代の祭神は、「応神天皇、比売大神《ひめおおかみ》、神功皇后」だが、『延喜式《えんぎしき》』は、「八幡大菩薩宇佐宮」「比売神社」「大帯姫廟《おおたらしひめびょう》神社」の三座をあげていて、いつの間にか応神が八幡大菩薩に重なったと考えられている。

これだけ由緒正しい神社でありながら、『日本書紀』には記録がない。これも不思議なことだ。そのため、一般的には、宇佐八幡宮は一地方神にすぎなかったのに、『日本書紀』や『古事記』が編纂されたあとに、全国区になったという。

宇佐八幡宮と言えば、宇佐八幡宮神託事件（七六九）が名高い。怪僧道鏡《どうきょう》を皇位につけようとした称徳《しょうとく》（孝謙《こうけん》）女帝が、宇佐八幡宮の神託に飛びつくも、和気清麻呂《わけのきよまろ》の活躍によって、道鏡の即位は阻止された事件だ。

宇佐八幡宮の「政治力」「中央への影響力」は、聖武《しょうむ》天皇の東大寺《とうだいじ》建立時から一気に高まった。宇佐八幡神が託宣を下し、「天神地祇を率い誘って、大仏の造立を成し遂げよう」と表明したのだ。田村圓澄《たむらえんちょう》は、「宇佐八幡は、律令国家の主である天皇と、直接かつ深く結ばれた」と記す（『日本の神々　1』谷川健一編　白水社）。宇佐はもともと渡来系の住民の多い地域で、交通の要衝でもあったため、富の蓄積があったのだろう。

　ところで通説は、神功皇后と応神天皇の実在性を疑っている。しかも、八幡神が「応神天皇」と考えられるようになった時代は古くはないから、一層のこと、宇佐八幡と神功皇后や応神のつながりを疑問視する（ふたりは実在しないと考えているのだから当然のことだが）。

　しかし、神功皇后も応神もヤマト建国時の人物で宇佐八幡の祭神と考えると、宇佐八幡の存在が、もっと違う形に見えてくる。

『八幡宇佐宮御託宣集《はちまんうさぐうごたくせんしゅう》』に、八幡神は最初、三歳の子どもで、竹の葉の上に現れたという。まるでかぐや姫のようだが、ここは、無視して進める。

　八幡神は託宣を下した。

「辛国《からくに》の城《き》に始めて八流《やつながれ》の幡《はた》を天降して、吾は日本の神となれり」

と言うのだ。宇佐八幡宮の地域は渡来系の密集地帯だ。また「辛国」は「韓国」につながるから、八幡神は渡来系とみなされるようになった。だが、「韓国の城に旗を立てて、私は日本の神になった」という文章、「韓国」が海外だとすると、どうにも不自然だ。「日本の中の辛国」と読みなおすべきなのだろうか。あるいは、こういう発想が必要か。住吉大神は新羅王の門の前に御杖を突き立てている。応神は神功皇后のお腹の中で新羅も手に入れることができると神は言い、胎中天皇と呼ばれた。住吉大神と同じように、胎中天皇も辛国の城（韓国の集落）に八流の旗を天降して、日本を代表する神になったということなのか。

「八幡神」は負け組

三世紀の倭国が朝鮮半島南部を攻めて征服したはずがないと思われるかもしれない。しかし、ヤマトに裏切られた神功皇后や奴国の貴種たちが方々に逃れ、奴国やタニハと手を組んでいた朝鮮半島最南端の地域に一度逃れ、さらにそこから密かに南部九州に向かった可能性は否定できない。

そこで注目したいのは鹿児島県霧島《きりしま》市隼人町の鹿児島神宮なのだ。ここは「宇佐よりも先」と主張し、だから「大隅正八幡」と呼ばれている。

　鹿児島神宮の北側に韓国岳《からくにだけ》がそびえ、地元の方々は、なによりもこの霊山を崇拝している。なぜ韓国岳なのかと言えば、渡来系の移住民が、一帯に住んでいたからだろう。問題は、この韓国岳が霧島山系のなかに含まれていることで、この山塊に天孫族が降臨したと、『日本書紀』が語っていることだ。そして、天孫降臨が「敗者の逃避行」という私見を当てはめれば、「辛国の城に始めて八流の幡を天降して、吾は日本の神となれり」という託宣の「辛国」は、鹿児島神宮の近くの韓国岳の方がふさわしく思えてくるのだ。

「八幡神」は負け組である。それがよく分かる祭りが、大分の宇佐八幡宮の周辺に残っている。それが放生会《ほうじょうえ》だ。

　大分の宇佐八幡宮では、毎年十月十五日と十六日に秋季大祭の放生会が執り行われる。養老三年（七一九）に大隅と日向の隼人が乱を起こし、それを鎮圧したこと、その隼人の霊を慰める目的があったと伝えられている。

　古要《こよう》神社（大分県中津市）と八幡《はちまん》古《こ》表《ひょう》神社（福岡県築上《ちくじょう》郡吉富町《よしとみまち》）は、宇佐八幡の放生会に参加し、傀儡子《くぐつ》の舞と相撲を演じる。放生会は普段は食してしまう生き物を解放する仏会《ぶつえ》だ。宇佐八幡宮の場合、隼人の乱を鎮圧した様子を描いていると言い、あるいは神功皇后の三韓征伐の戦勝を祝ったと言うが、はっきりとしない。八世紀の隼人の鎮魂と神功皇后を祀ったのだろう。戦勝を祝ったと言うが、実際には、「祟る恐ろしい神功皇后たちを鎮める目的」だ。祭りの様子を見ればそれがわかる。

　古要神社の傀儡子（人形）は、二十六体の「お舞人形」、三十体の「お相撲人形」、二体の「小豆童子《あずきどうじ》」、二面の「獅子頭《ししがしら》」から構成されている。舞台では、「神起こし」の楽からはじまり、「呼び出し」の楽でお舞人形が現れる。獅子頭と小豆童子はそれぞれが東西にわかれて控える。やがて古要相撲（掛かり相撲）が行われる。東西から相撲人形が一体ずつ登場し、交互に勝つが、やがて西方が連敗する。すると海神の住吉さまが現れ、東方を負かす。さらに東方は束になって攻めたてるが、住吉さまは次々となぎ倒していく……。

　この古要相撲、隼人の鎮魂という話はあとづけの説明であって、もっと古い歴史が詰め込まれていたように思えてならない。神功皇后ら西方が敗れたにもかかわらず、住吉さまの活躍によって「鬱憤を晴らす」行事にほかなるまい。

おとぎ話に隠された古代史

この章の最後に、もうひとつだけ確認しておきたいことがある。住吉大社と尾張氏のつながりのことだ。

住吉大社の神職を尾張系の人脈（津守氏）が務めてきたのは、北部九州の日本海勢力（神功皇后や武内宿禰）を吉備だけではなく東海も裏切ったという歴史があったからだろう。崇神（吉備）は三輪山の大物主神（日本海）を祀ったがうまくいかなかった。だから、神武が求められた。そして、もうひとつの日本海の祟り（住吉大神）を尾張系人脈が祀った。

『日本書紀』や『古事記』は、神功皇后らの敗北を認めていない。彼女は応神を引き連れてヤマトの政敵を蹴散らしたと証言するが、実際には南部九州に落ち延び、ヤマトを呪った。ヤマトは日本海勢力の祟り（大物主神）を恐れて、神武を祭司王として呼び出し担ぎ上げたのだった。この過程で、ナガスネビコ殺害という第二の悲劇が起き、ようやくヤマト政権は固まった。しかし、王家は一層のこと祟りを鎮める力を求められた。住吉大神が祟ると恐れられたのは、それなりの背景があってのことだったわけだ。

　この「住吉の一寸法師」の裏側が把握できたことで、浦島太郎や『竹取物語』の謎解きにも、ヒントが与えられたと思う。「浦島モドキ」や浦島太郎は住吉大神と接点を持っていた。ここに大きな意味が隠されていたはずだ。

　住吉大神は塩土老翁で、海幸山幸神話に登場し、山幸彦は塩土老翁の用意した籠に乗って海神の宮に向かい海神の娘に出逢って三年を過ごした。山幸彦の乗った籠は「亀のイメージ（籠目の六角形は亀の甲羅）」であり、塩土老翁は武内宿禰とつながり、武内宿禰と神功皇后は、北部九州の海の民・阿曇氏とつながっていた。その阿曇氏の祖は「浦島モドキ（磯良丸）」だった。また、「浦島太郎」の本場は丹後半島で、そこは王家の故郷「タニハ」であった。タニハ勢力（日本海）は、吉備との間にくり広げられたヤマト建国後の主導権争いに敗れ、一度は零落した人びとだ。「浦島太郎」が玉手箱を開けて一気に年取ってしまった話も、ヤマト建国の歴史と通じていたからだろう。『竹取物語』のかぐや姫も同様に深い歴史を感じる。「かぐや」は「アマノカグヤマ」

の「カグ」とつながっているが、尾張氏の悲劇が天香具山に隠されていることはすでに述べてきた。

そう考えると、おとぎ話と古代史が、全く無縁ではないことに、改めて気づかされるのである。

そこでいよいよ、最終章で『竹取物語』の謎解きをしていこう。

第五章

権力者を糾弾するかぐや姫

隼人と蝦夷が八世紀に反乱を起こした理由

ヤマト建国の真相が考古学によってようやくはっきりと見えてきた。そして、スサノヲ、蘇我氏、住吉大神の正体が芋づる式に解けてくると、『竹取物語』も、新たな発想で見直す必要が出て来たのである。

まず、竹を近畿地方にもたらした隼人《はやと》に対する見方が激変する。『日本書紀』や『続日本紀』によって「まつろわぬ熊襲《くまそ》と隼人」とレッテルが貼られてしまったが、実際には彼らは天皇家がもっとも信頼する人びとであった。

王家の祖が北部九州で敗北し、南部九州に逃亡したとき、隼人はヤマト政権におもねり、彼らを捕縛することも可能だった。あとからみれば、隼人の行動は当たり前のように見えるが、当時は王家の祖を匿《かくま》うことに、利点はなかったはずだ。それでも隼人は王家の祖を受け入れ、神武東征ののち王家の下《もと》で活躍したが、ヤマトの王家は権力者ではなかったから、隼人たちも、おいしい思いをしたわけではなかっただろう。だからこそ、苦しい時代をともに過ごしてきた王家と隼人は、強い絆で結ばれていたわけだし、隼人は誇りをもって宮を守っただろう。

ならばなぜ、隼人や熊襲は逆らう厄介者のイメージが焼き付いてしまったのだろう。それは、藤原氏が邪魔にしたからだろう。王家にぴったりくっついて離れない隼人が邪魔になったからだろう。隼人が立てた楯は、いつの間にか平城京の井戸の側壁に化けていた。実に哀しい話ではないか。

『竹取物語』が「竹取の翁の物語」だった理由のひとつは、隼人の悲劇を連想してほしかったからだろうか。

ちなみに、八世紀に九州の隼人と東北の蝦夷《えみし》がほぼ同時に反乱を起こしたのは、偶然ではないと思う。隼人や蝦夷が逆らったのではなく、藤原政権が、旧豪族の力を削ぐために、夷《い》をもって夷を制す策に出たということだろう。王家や大伴氏は隼人と接点を持ち、また蘇我氏や阿倍氏、物部氏らは、東の諸勢力とつながっていた。これら旧勢力の弱体化のために、東北と南部九州に兵を進めさせたのだろう。

藤原政権は、ことのほか「東」を恐れた。都で変事が起き、不穏な動きを察知すると、必ず三関《さんげん》を閉めた。三関とは伊勢国鈴鹿《すずか》（三重県亀山市）・美濃国不破《ふわ》（関ヶ原）・越前国《えちぜんのくに》愛発《あらち》（福井県敦賀市南部の旧愛発村と滋賀県高島《たかしま》郡マキノ町との境にある有乳《あらち》山《やま》付近）だ。理由もはっきりしている。尾張氏の存在だ。

継体天皇を後押ししていたのは越《こし》と東海地方だから、藤原政権は継体天皇に連なる者たちをも、仮想敵と捉えていたことがわかる。『日本書紀』は壬申《じんしん》の乱《らん》（六七二）でもっとも活躍した尾張氏の存在をきれいに抹殺している。余程東国が恐ろしかったのだろう。裸一貫で逃れた大海人皇子《おおあまのみこ》が壬申の乱で圧倒的な勝利を手に入れたのは、尾張氏をはじめとする「東の軍団」が強大だったからだ。

藤原政権は、東国の軍団を恐れ、三関を閉め、謀反人が東に逃れないようにしていた。そして、東の軍団を弱体化させるために、蝦夷征討を企てた。隼人が敵視されていくのも、同じ理由からだ。隼人と強く結ばれた大伴氏が隼人征討に遣わされたことからも、藤原氏の目論見と意図が見えてくる。

竹取の翁と斎部氏のつながり

隼人は神聖な竹器を作る人びとだった。隼人だけではない。竹で「箕《み》」を作る人びとは豊穣《ほうじょう》を祝福する神人《じにん》でもあった。尊ばれ、恐れられていた。

中が窪んだ箕には穀霊が宿ると信じられていた。その「竹」と竹器づくりの技術をもたらしたのが隼人であり、王家を守り、神聖な儀式に参加していた。

しかし、古い時代に尊ばれた者、聖職者は、藤原政権下で、鬼のレッテルを貼られていったのだ。だからこそ、隼人は零落し、蔑まれた。すでに触れたように、天上界を追われたスサノヲは、簑笠を着ていた。これは「スサノヲが鬼」だったことを表していた。

『竹取物語』も、蔑まれる鬼の物語だ。竹取の翁が賤しい者だった。それだけではない。竹取の翁は、この世に不満を抱く人でもあった。

物語の中で、竹取の翁は「さぬきのみやつこ」の名であったことが明かされている。「さぬき（讃岐）」は香川県だが、讃岐から連想される氏族が、斎部《いんべ》（忌部）氏である。

奈良県北葛城郡広陵《こうりょう》町に式内社《しきないしゃ》（延喜式内社。平安時代の『延喜式』に記録された由緒ある古社）の讃岐神社が鎮座する。この「讃岐」が、斎部氏と深くかかわっている。

斎部広成《ひろなり》が記した『古語拾遺』に、斎部氏の祖神の太玉命《ふとたまのみこと》が率いた神が各地に散らばっていき斎部氏の祖になったとある。阿波国、讃岐国、紀伊国、出雲国、筑紫国、伊勢国で、彼らはそれぞれの土地で神宝《かんだから》（神への捧げ物）を作ったが、讃岐国に向かった手置帆負命《たたきほおいのみこと》は矛竿《ほこさお》を毎年八百竿貢上したという。この竿は竹で、「讃岐」と「竹」が、ここでつながってくる。

竹取の翁は「さぬきのみやつこ」で、竹から生まれた姫の名をつけるのに「御室戸《みむろど》斎部の秋田《あきた》」なる人物を呼んで命名してもらったと『竹取物語』にある。「なよ竹のかぐや姫」の名は、こうして付けられた。ここにもかぐや姫の近くに斎部がいる。ちなみに、「御室戸」は「御諸山《みもろやま》（桜井市の三輪山）」と考えられている。

『日本書紀』神代上第七段正文の天の岩戸神話の場面で、忌部首《いんべのおびと》の遠祖・太玉命（天《あまの》太玉命《ふとたまのみこと》）が中臣連の遠祖・天児屋命《あまのこやねのみこと》とともに天香山（天香具山）の五百箇真坂樹《いおつまさかき》を根っこから掘り、枝に八坂瓊《やさかに》の五百箇御統《いおつみすまる》、八咫鏡《やたのかがみ》、青和幣《あおにきて》と白和幣《しろにきて》をかけ、祈ったとある。斎部氏の祖が、神話の時代から続く名家であったことがわかる。

少なくとも、『日本書紀』編纂時には、中臣氏と同等の「古い家」で「活躍していた」ことを認められていたことになる。神聖な者だからこそ、鬼あつかいされていく運命を担ったわけだ（中臣氏以外）。

物語の本質を冒頭で示している

「かぐや姫」も讃岐と不思議な縁でつながっている。『古事記』第十一代垂仁天皇が大筒木垂根王《おおつつきたりねのみこ》の娘の迦具夜比売命《かぐやひめのみこ》を娶って袁耶弁王《おざべのみこと》が生まれたとあるが、大筒木垂根王の弟が讃岐垂根王《さぬきのたりねのみこ》で、「カグヤヒメ」の叔父は「サヌキ」だった。

なぜ、竹取の翁とカグヤヒメが、サヌキや斎部氏とつながってくるのだろう。『竹取物語』の編者は、竹取の翁が斎部氏と関わりがあることを記すことで、物語の本質を冒頭で示したのではなかったか。と言うのも、斎部広成の記した『古語拾遺』は、藤原（中臣）氏糾弾の書だったからだ。

『古語拾遺』は、中臣氏に対する恨みつらみで満ちている。

天平年中に至り、全国の神社を調べ、神名帳《じんみょうちょう》が作られたこと、中臣氏が権力をほしいままにして独断で取捨したとあり、中臣氏に縁がある神社は、小さくても取り上げられ、大きな神社でも、縁が無ければ切り捨てられたという。奏上し執行することも、当時は独断だった。諸社の租税も、全部中臣一門に入っている、と厳しく糾弾している。
愚臣《ぐしん》広成（斎部広成）は、朽ちてゆく年齢が、もはや八十を越えてしまった。犬や馬が主を恋しく思うように、主君を慕う気持ちはますます痛切である。突然死んであの世に往くことになってしまったら、恨みを墓場の下の地下の国まで持っていくことになる（神代の故事が記録として残らないから）。

さらに斎部広成は、「忘れられていることがいっぱいある」と、憤懣《ふんまん》やるかたないというように、書きなぐっている。

たとえば、天照大神は最初、天皇と殿舎を同じにしていらっしゃった。斎部と中臣はご奉仕申し上げる儀式も同じだった。天上界から、中臣と斎部の二氏は、互いに助け合い、日の神（天照大神）をお祈り申し上げてきた。猿女《さるめ》氏の祖も、神の怒りを解いた。三氏の職は、離れてはならなかった。しかし、今、伊勢の宮司には、ひとり中臣氏だけを任じ、他の二氏は除外されている。忘れられている、という。

ここでも、斎部広成は、中臣（藤原）氏に不満を漏らしている。

つまり、竹取の翁が斎部氏とつながっているという物語の設定は、当時の人々に、「この物語は、藤原氏（藤原不比等）に対する恨みつらみを描いたものだ」「しかも、昔は尊ばれていたにもかかわらず、藤原氏が台頭してから賤しい者に転落した」と、冒頭からわかるようにしていた可能性が高いのである。

『竹取物語』は藤原氏糾弾の書

くどいようだが『竹取物語』は藤原氏糾弾の書なのだ。本文を読めばはっきりと分かることでもある。

そこでいよいよ、『竹取物語』のあらすじを追ってみたいが、ここでひとつ付け足しておきたいのは、『竹取物語』には、お手本となった物語が存在していたと考えられてきたことだ。

昭和四十五年（一九七〇）、伊藤清司《いとうせいじ》ら日本の中国文化学者らの手によって、中国西南部の四川省のアバ・チベット族（「竹」と共に暮らしてきた人々）が語り継いだ民間伝承『斑竹姑娘《はんちくこじょう》』が発見され、『竹取物語』の元になったと指摘されたのだ。

『斑竹姑娘』は、竹藪を大切に守っている貧しい男が、竹の中から女の子（名が斑竹姑娘）を見つけて育て、幸福になるという話で、五人の男性が斑竹姑娘に求婚し、難題をふっかけられる。ほぼ『竹取物語』の話をなぞっている。

難題そのものも似ていて、伊藤清司は『斑竹姑娘』の物語から『竹取物語』が生まれたと考えた。「伝播主義をきらう人でも、これだけの対応、一致をもつ物語を、まったくの偶然とはいえないだろうし、文化伝播に関する学的原理もそれを十分に裏付ける」と指摘し、通説になっていた（『かぐや姫の誕生』講談社現代新書）。

ところが中国の日本文学研究者の宋成徳《そうせいとく》は、これに新たな説をぶつけた。大正十一年（一九二二）に中国で『竹取物語』の訳述がなされていて（「竹公主《ちくこうしゅ》」）その内容が『斑竹姑娘』に酷似していること、『斑竹姑娘』が「竹公主」から作られたのではないかと推理したのである（『京都大学國文學論叢』第12号　二〇〇四年九月）。どうやらその可能性は高いようだ。

もっとも、それ以外の中国の古典と『竹取物語』の間に、共通点をも見いだすことができる。だから、内外の多くの影響を受けて『竹取物語』が編み出されていたことも、間違いない。

ただし、『竹取物語』はただのおとぎ話ではない。敗者の悲痛な訴えが籠められていて、読むたびに、悲しみが伝わってくるのだ。物語の歴史背景を知った上で読み返すだけで、これまでとは違うイメージが湧きあがってくるはずなのだ。読むほどに切なさが募る物語なのである。

そこで『竹取物語』のあらすじを追っていこう。

『竹取物語』のストーリーは、知っているようで意外に知らない内容だと思う。

今は昔、竹取の翁という者がいた。野山に分け入り、竹を取り、色々なものを作って使っていた。翁の名は「さぬきのみやつこ」といった。

竹取の翁は光る竹をみつけた。筒の中に光る三寸ばかりのとてもかわいらしい人がいた。竹取の翁は、「子《こ》（籠《こ》にかかっている）になる運命の人でしょう」と言って手に入れて連れて帰った。妻の嫗《おうな》に預けて養わせた。とても美しい娘で、小さいのでカゴに入れて育てた。

竹取の翁はこののち、黄金が入った竹をよく見つけるようになった。だから、翁の家は富んでいった。

子はどんどん大きくなり、三ヶ月で一人前の大きさになった。容貌は世に類がないほど美しく、家の中は光で溢れたようだった。苦しいことも、腹立たしいことも、この子を見ていると忘れてしまう。

　こののちも竹取の翁は黄金を手に入れ、一層富を蓄えた。御室戸の斎部の秋田（なる人物）を呼んで、子に名をつけさせた（既述）。「なよ竹のかぐや姫」と命名され、人びとを招き、盛大に宴を開いた。

　世界の男は、身分の差にかかわりなく、かぐや姫を一目見てみたいと願ったが、容易ではなかった。みなあきらめたが、色好みの五人の貴公子はあきらめきれず、通ってきた。その名は、石作《いしづくり》の皇子《みこ》、くらもちの皇子、右大臣《うだいじん》阿倍御主人《あべのみうし》、大納言《だいなごん》大伴御《おおとものみ》行《ゆき》、中納言《ちゅうなごん》石上麿足《いそのかみのまろたり》であった。彼らは評判の娘がいると、何がなんでも手に入れたくなる輩《やから》で、あらゆる手段を駆使してかぐや姫に会おうとした。竹取の翁を呼び出し、伏して、手を摺り合わせて「娘を下さい」と懇願したが、「私が生ませた子ではないので、言い聞かせることはできないでしょう」と断られた。月日はいたずらに過ぎ、それでも五人はあきらめなかった。竹取の翁はかぐや姫に、次のように語った。

「わが子の仏、変化《へんげ》の人ではあろうとも、ここまで育てた私の言うことも、聞いてくれないだろうか」

　するとかぐや姫は、「親と思っている」というので、竹取の翁は喜び、

「私も長くはないのだから」

と、結婚を勧める。かぐや姫は、

「なぜ結婚をしなければならないのか」

と述べ、さらに、

「愛情の深さを確かめずに結婚しても、浮気心を持たれ、後悔するに決まっています」

と、正論を述べる。そしてかぐや姫は、五人の貴公子に品物を要求して（無理難題。かぐや姫に結婚の意思はない）、愛の深さを確かめ、その上で誰に仕えるか決めると言いだしたのだった。


竹取の翁も納得し、貴公子たちを集めかぐや姫の考えを説明することにした。かぐや姫の要求は、以下の通り。

石作の皇子には仏の御石《みいし》の鉢《はち》、くらもちの皇子には東海の蓬莱山《ほうらいさん》にある銀《しろがね》を根とし、金《こがね》の茎、白玉《はくぎょく》を実にして立っている木があって、その枝を折ってくるように求めた。もう一人には、唐土《もろこし》にある火鼠《ひねずみ》の皮衣《かわぎぬ》を、大伴御行には、龍の首にかかる五色に光る玉を、石上麿足は、燕《つばめ》のもっている子安貝《こやすがい》を求めたのである。

これを聞いた竹取の翁は、どれもこれも日本にないもので、

「この難題を、どうしてみなに伝えられるだろう」

と言うと、かぐや姫は、

「どうしてむずかしいことがありましょう」

というので、竹取の翁はやむなくそのまま伝えると、貴公子たちは、がっかりして帰って行った。

けれども、やはりかぐや姫と結ばれなければ生きていけないと考え、みな行動をはじめた（貴公子たちの行動は、省く。のちにくらもちの皇子の様子だけは、改めて）。結局、誰もホンモノを手に入れることができず、ニセモノであることをかぐや姫に見透かされてしまう。結局かぐや姫の要求に応えられる貴公子はいなかったのである。

ここで貴公子の話は終わる。

帝の入内要請も断ったかぐや姫

ここから話は、帝とのやりとりになっていく（ここが面白いし、このくだりがあまりにも知られていないのが悔しいので、詳しく記しておく）。

類稀《たぐいまれ》なかぐや姫の美貌の噂は帝のお耳に入り、帝は内侍《ないし》（天皇への奏上や天皇からの宣下《せんげ》を仲介する女官）中臣のふさ子に、

「多くの貴公子を袖にしたかぐや姫とはどのような女人なのか、見てきなさい」

と命じた。竹取の翁の館で、嫗（竹取の翁の妻。かぐや姫の養母）に用件を伝えると、嫗はかぐや姫に、

「御使者に対面なさいますように」

と促すが、かぐや姫は、

「私の容貌は、それほど美しくはなく、どうして勅使に見ていただけますでしょうか」

と、応じない。嫗は、

「帝のお使いをおろそかにすることはできません」

と詰め寄るとかぐや姫は、驚くべきことを言う。

「帝がお召しになっていることは、恐れ多いとも思いません」

嫗は内侍に、

「口惜しいことに、かぐや姫は強情者で……」

と、かぐや姫の様子を伝えると内侍は、

「必ず見て参れという帝の命を受けてこうしてやってきたのに、どうして帰参できましょう。国王のおっしゃることを、この国の住人が、どうして断ることができましょう」

となじる。するとかぐや姫は、

「国王の命令を拒んだというのでしたら、早く私を殺してしまえばよいのに」

と、開き直った。

内侍は帝に奏上した。帝はかぐや姫の強い意志に驚いたが、

「この女人の計略に負けていられない」

と、竹取の翁を呼び出し、かぐや姫を献上するよう命じた。竹取の翁はかしこまり、

「帝の仰せをなんとか受けさせせましょう」

と請け合う。帝は、

「育てた子なのに、なぜ思い通りにならないのか。かぐや姫を宮に奉《たてまつ》れば、翁に五位の位を賜る」

とおっしゃった。

喜んだ竹取の翁だったが、帰宅してかぐや姫を説得すると、かぐや姫は、

「無理強いされるのなら、消えてなくなってしまいたいのです。翁が官位を授かったなら、宮仕えして、あとは死ぬだけです」

と、覚悟を示す。翁は、

「そんなことをなさってはいけません。子がいなくなれば、叙爵《じょしゃく》も何の意味がありましょう。なぜ宮仕えをなさらないのか。死にたいわけでもあるのですか」

というが、結局かぐや姫の気持ちを尊重し、帝にかぐや姫の異常生誕の秘密を語り、

「世間一般の子とは、心のあり方が異なるのです」

と奏上した。

それでも未練が残った帝は、御狩りの行幸《みゆき》で偶然を装い、かぐや姫の館を訪ね、かぐや姫を一目みたいとおおせになる。

当日、帝が館に入ると、家中が光り輝いていた。帝は逃げるかぐや姫を追い、袖を捕らえ、連れて行こうとするが、かぐや姫は次のように語る。

「私がこの国に生まれたのならば、宮仕えもできるでしょう。しかし、そうではない

のですから、連れて行くことはむずかしいでしょう」

それでも帝は御輿に乗せようとするが、かぐや姫は影になって消えてしまった。後悔した帝は、

「どうかもとの姿にもどっておくれ」

と頼む。現れ出たかぐや姫を見て、帝はやはりその美しさに嘆息した。後ろ髪を引かれる思いで帝は宮に戻る。ここで、「葎《むぐら》」「玉《たま》の台《うてな》」にまつわる歌のやりとりがあった。

帝はかぐや姫の歌を聞き、一層帰りたくなくなったが、仕方なくもどった。近侍する女人たちとかぐや姫をつい見比べてしまい、女人たちの元に「渡りたまはず」ということになってしまった。

貴公子だけではない。帝の入内要請を断ったかぐや姫は何者なのか。

前世の宿縁とかぐや姫

話はここで、三年飛ぶ（省略しているのではない）。

春の初めごろから、かぐや姫は「月」を眺めながら、普段よりもの思いにふけるようになった。そばの人が、

「月の顔を見ることは、忌むべき（不吉な）ことですよ（そういう民俗があったようだ）」

と諭すが、いうことを聞かない。人がいないところで、かぐや姫は月を眺めて泣きはらしている。

七月十五日に、かぐや姫は縁に出てもの思いにふけっていた。これを竹取の翁に報告する者がいた。

「かぐや姫は普段から月をしみじみと眺めていらっしゃいましたが、このごろは、ただごととも思えません。とても思い詰め、嘆くことがあるに違いありません。気を付

けてみてさしあげてください」

これを聞いて竹取の翁はかぐや姫に問いただした。

「このすばらしい世の中にいるあなたが、どのような気持ちで、もの思いにふけり、月を御覧になっているのでしょう」

かぐや姫は、

「月を見れば、世間が心細く、あわれに思えてくるのです。なんのために、もの思いにふけり、嘆くものでしょう」

けれども、竹取の翁が実際に月を眺めるかぐや姫の様子を観察すると、物憂げであることが分かる。だから、月を見るのをやめるよう諭すが、効き目がない。

八月十五日が近づくと、かぐや姫は縁側に座り、泣きはらすようになった。そしてついに、今まで黙っていた秘密を打ち明ける。

「私はこの国（人間世界）の者ではありません。月の都の人です。それなのに、昔の契《ちぎ》り（前世の宿縁）があって、この世界にやってまいりました。けれども、もう帰らねばなりませんので、この月の十五日に、元の国から迎えが参ります。避けることはできず、どうしても帰らねばならず、あなた方が嘆かれるのは悲しいことですので、この春から、私も嘆き悲しんでいたのです」

　こういってひどく泣く。翁は、「何があっても、私が育てた子は渡さない。そんなことになったら、私が死んでしまいたい」と言い放つ。かぐや姫と翁と媼は一緒に泣いた。館の人びとも悲しんだ。

　帝はかぐや姫が月に帰ってしまうことを知り、迎えが来れば捕らえてしまおうと考えた。だから十五日、二千人の兵を竹取の翁の家にさし向けた。土塀の上に千人、建物の上に千人、隙もないほどに配置したのだった。

　媼は塗籠《ぬりごめ》の中にかぐや姫を抱きかかえて身構え、翁は塗籠の戸口を閉め、その前を守っている。翁は、

「これだけ厳重に守っているのだから、天人《てんにん》にも負けないだろう」

　といい、建物の上にいる人たちにも、

「空を走る者を見かけたら、射落としてしまえ」

　と声をかける。けれどもかぐや姫は、

「このようにしてみても、月の国の人とは闘うことはできません。矢を射かけることもできず、閉じ込めていても、月の国の人が来たなら、戸は開いてしまうでしょう。あ

の国の人がきたら、戦意も失せてしまいます」

またかぐや姫は、月の世界に行けば、年もとらないこと、悩みもなくなるが、だからといって喜んで帰るわけではないこと、翁と媼が老い衰えていく様を見届けたかったと、嘆く。

いざ、かぐや姫。穢き所にいかでか久しくおはせむ

日付も変わろうという時間になって、家の周りが昼よりも明るくなった。人が雲に乗って降りて来て、地上から五尺ほどの高さに並んだ。兵士らが射かけようとするが、力が入らず、みな放心状態になってしまった。天人の衣《い》裳《も》はすばらしく、飛ぶ車を引いてきた。天蓋《てんがい》がさしかけられ、その中に王とおぼしき者がいて、

「みやつこまろ（翁）よ、こちらに来い」

と命じると、いきり立っていた翁も、酔ったような心持ちになって、突っ伏して進み出た。

月の王は翁がわずかな善行をなしたことで、助けになればとかぐや姫を少しの間下

界に降ろすつもりだったこと、たくさんの黄金を賜って翁が見ちがえるほどの金持ちになったと言い、次のように続ける。

「かぐや姫は天上界で罪を作られたため、かくも賤しいおぬしのもとに、しばらくいらっしゃったのだ。今、罪は消えたので（罪障消滅）こうして迎えに上がったのに、翁は泣いて嘆く。叶わぬことだから、かぐや姫をお返しもうしあげなさい」

　翁はそれでも納得せず、

「二十年も育てたのに、それをわずかな間、という言葉をうかがって、疑わしくなりました。月の王が探していらっしゃるかぐや姫は、ここにいる姫とは別人ではないのでしょうか。それに、ここにいらっしゃるかぐや姫は、重い病気ですので、外にお出になることはできません」

　という。しかし月の王は無視して、

「いざ、かぐや姫。穢き所にいかでか久しくおはせむ（さあ、かぐや姫、穢い所に、なぜ長くいらっしゃるのですか）」

　と問いただすと、戸と格子が開き、嫗が抱いていたのに、かぐや姫は外に出てしまった。嫗は留めることができず、仰ぎみて泣いている。泣き崩れる翁に、かぐや姫は、

「心ならずも行かねばならぬのですから、せめて昇天する様を見送って下さい」

すると翁が、

「連れていってほしい、捨てないでほしい」

と懇願するので、かぐや姫の心は乱れ、手紙を書く。老夫婦を置いていかなければならぬつらさ、そして、形見の衣を置いていくこと、月の出た晩には、私の住む月を見てほしいことを書き連ねた。

かぐや姫のいないこの世を嘆く帝

天人は壺に入った薬をかぐや姫に飲むよう促した。

「穢い地上のものを召し上がって気分が悪くなられたでしょう」

かぐや姫は少し舐めて、残りを脱いだ衣で包み、形見にしようとしたが、天人は許さなかった。そして天人は、御衣《おおんぞ》（天の羽衣）を着せようとする。かぐや姫は、「しばし待て」と制した。

「天の羽衣を着た人は、常の人と心が違ってしまうということです。だから、その前に一言言い置くことがあります」

こういって手紙を書き始めると、天人は、「遅い」と、苛立つ。かぐや姫は、「物わかりの悪いことをおっしゃるな」と言い返し、静かに帝に手紙を書き始めた。

「私を留め置こうとこれほど多くの人たちをさし向けていただきましたが、避けることのできない迎えがやってきて、こうして捕らえられ、連れて行かれることは、悲しく、残念でなりません。宮仕えしませんでしたのも、このような常とは異なる面倒な事情があったからです。強情で、無礼な者と思われていることが、心残りです」

また、歌を作った。

今はとて天の羽衣着るをりぞ君をあはれと思ひいでける

今こうして、天の羽衣を着る段になって、君（帝）を「あはれ」と、思っている私です……（「あはれ」は、現代人の言う「哀れ」とはニュアンスがちがう。「しみじみと思われる」ということになる）。

かぐや姫は壺の薬を副《そ》えて献上すると、天人がすかさず天の羽衣をかぐや姫に着せてさしあげた。すると、翁を慈しむ心も消えてしまった。そのまま車に乗り、百人の天人を引き連れて昇っていった。

その後、翁も嫗も血の涙を流して思いは乱れたが、どうにもならない。周りの人びとがかぐや姫の書きとどめた手紙を読んで聞かせるが、

「なにをするために命を惜しむだろう。誰のために命を惜しむのだ。何事も意味がない」

こう言って薬も飲まず、やがて起き上がることなく、病に臥せってしまった。

かぐや姫を留めることができなかったことを知った帝も、食事もできなくなるほど落胆してしまう。天にもっとも近い山が駿河国《するがのくに》（静岡県）に存在することを知ると、次の歌を作った。

あふこともなみだにうかぶ我が身には死なぬ薬も何にかはせむ

かぐや姫に二度と会えず、あふれる涙の中に浮かんでいるような私ならば、不死の薬など、なんの役に立つというのだろう……。

帝は使者にかぐや姫が献上した不死の薬を預け、駿河の国にあるという山の頂上で焼かせてしまった。このとき、「つわもの（士）」たちがたくさん登ったことから「士に富む山＝ふじ山」と名付けた。そして、その不死の薬を焼く煙は、いまだに雲の中に立ち上っているという……。

これで物語は終わる。多くの「なぜ」が、思い浮かぶ。

かぐや姫に求婚した五人の貴公子は実在した

まず、かぐや姫の潔《いさぎよ》さと情の深さはどうだ。帝の入内要請に対し、「殺せばよい」と、見得を切った。それでいて、最後の最後に、帝に同情している。「あはれ」と言っている。「しみじみと、そう思う」と心情を吐露している。

これに対し帝は「かぐや姫のいない世になって、なぜ不死の薬が必要なのか」と言って、不死の薬を焼いてしまう。焼いた場所が富士山というのも気になる。『日本書紀』は、縄文時代から東国人が敬愛してきた富士山を無視しているからだ。この設定は意図的なのだろうか。何度も言うように、かぐや姫の「かぐや」は東海の尾張氏の祖「天香語（具）山命」と重なるから、さらに興味深い。

　帝のさし向けた軍勢は、かぐや姫を迎えに来た月の王に太刀打ちできなかった。その月の王が、かぐや姫に「敬語」を使っている。かぐや姫はとてつもなく「えらい」存在だった可能性が高い。

　それだけではない。かぐや姫が天上界で犯した罪とはいったい何だろう。さらに、月の王がかぐや姫に投げかけた言葉が強烈だ。「いざ、かぐや姫。穢き所にいかでか久しくおはせむ」こんなに汚い世の中に、なぜ長居する必要があろうか、と問いかける。天上界と地上界、神の住む地から見れば、人の暮らす地は汚い場所だと観念的に言っているのだろうか。

　問題は、物語がいつの時代を「穢れている」と指摘しているのか、ということなのだ。物語ができた平安時代も念頭においているかもしれないが、『竹取物語』の登場人物は、七世紀末に実在したとする説がある。

　江戸時代の国学者・加納諸平《かのうもろひら》は、かぐや姫に求婚する五人の貴公子は、『公卿補任《くぎょうぶにん》』（歴代公卿、高級官僚の名簿）の文武五年（七〇一）の条に登場していると指摘した。

左大臣の多治比嶋《たじひのしま》は『竹取物語』の「石作の皇子」、右大臣安倍御主人は「右大臣阿倍御主人」、大納言大伴御行は「大納言大伴御行」、大納言石上《いそのかみの》(物部)麻呂《まろ》は「中納言石上麿足」、大納言藤原不比等は「くらもちの皇子」だという。

まず、『公卿補任』の安倍御主人、大伴御行、石上(物部)麻呂は、物語に登場する人物と名前が一緒か、ほぼ同じだから問題はない。多治比嶋の場合、同族に「石作氏」がいるので、「石作の皇子」とつながる。五人中四人は、たしかに似ているし同じ名前だ。最後に残った藤原不比等だけが、似ているようで似ていない。

加納諸平は、藤原不比等の母が車持《くるまもち》氏なので、「くらもち」は「くるまもち」だろうと考えた。しかし、史学者の多くは「それは無理筋」と、手厳しい。

たとえば、片桐洋一《かたぎりよういち》は、三人の貴公子がそっくりなことは認めた上で、この三人が壬申の乱において大海人皇子(天武《てんむ》)の忠臣だったが、天武天皇の系譜は称徳《しょうとく》天皇で途絶え、天智系に移っていること、三つの氏族は没落し、平安時代には権門《けんもん》ではなくなっている。だから、『竹取物語』の本質を「貴族社会に対する批判精神の現われ」と捉えることは「安易にすぎよう」とバッサリ切り捨てている(『日本古典文学全集8　竹取物語　伊勢物語　大和物語　平中物語』校注・訳　片桐洋一　福井貞助《ふくいていずけ》　高橋《たかはし》

正治《しょうじ》　清水好子《しみずよしこ》　小学館）。

　しかし、『竹取物語』は、「特権階級や貴族たち」のすべてを批判していたわけではないと思う。ターゲットはズバリ、藤原不比等や藤原氏である。竹取の翁の物語にして、隼人や斎部氏の存在を匂わせたのは、『古語拾遺』のように、中臣（藤原）氏に対する批判を暗示したかったからであろう。

　問題は、『竹取物語』に登場する貴公子たちの中で、「くらもちの皇子」が、もっとも卑劣で、かぐや姫が嫌っていたという設定になっていること、その「くらもちの皇子」は、藤原不比等に当てはまりそうなのだが、ぴったりと重ならない点だ。

「だから、これを同一視するのは、安易だ」

　と、文学者や史学者たちは口を揃えるが、「くらもちの皇子だけ実在の人物と重ならない」ところがかえって怪しい。「設定が皇子（皇族）なのだから藤原不比等には絶対に結びつかない（言い訳ができる）」ところに、『竹取物語』作者の「深慮」と「工夫」があったと考えるべきだったのだ。

　平安時代に絶大な権力を握っていた藤原氏や藤原氏繁栄の基礎を築いた藤原不比等を直接批判すれば、命がいくつあっても足りなかっただろうし、『竹取物語』は、すぐに燃やされていただろう。

つまり、藤原不比等だけ、「ちょっと似ているがそのものではない『くらもちの皇子』」を物語に登場させたところに、むしろ『竹取物語』の本気度が伝わってくるのである。

『竹取物語』は、藤原不比等と藤原氏を揶揄《やゆ》し、糾弾するために書かれたのではなかったか。

くらもちの皇子は謀略好き

ここで「くらもちの皇子」の物語を紹介しよう。

まず出だしから、くらもちの皇子に対して、辛辣だ。

「くらもちの皇子は、心たばかりある人にて」

つまり、くらもちの皇子は、はかりごとに長じている（策略、謀略好き）というのだ。そして、物語が進むにつれて、卑劣な「くらもちの皇子」の様子が明らかになり、かぐや姫は、とことんこの男を嫌っていたことがわかる。

かぐや姫から要求された宝物（玉の枝）を求めて、くらもちの皇子は出立《しゅったつ》する。

朝廷には「筑紫の国に湯あみ（湯治）に参ります」と報告し、かぐや姫の家には使いを出して、「玉の枝をとりに向かいます」と告げさせた。くらもちの皇子の家来たちはみな、難波（大阪）までお送りした。そば近くに仕える者だけを引き連れ出航し、見送りの人びとが引き上げると、三日ほど経って、元の津に戻ってきた。かねてより、国内でもっとも腕のたしかな六人の工人（鍛冶工匠《かじたくみ》）たちを手配しておいた。人が簡単には立ち寄れない場所に家をつくり、工人たちを引き入れ、くらもちの皇子もともにこもり、荘園のすべてと倉の財産すべてをつぎ込み、玉の枝を造りはじめた。

かぐや姫の要求どおりの玉の枝ができあがった。うまく計略を凝らし、（陸路で）難波の津にこっそりもっていった。そうしておいて、

「船に乗って帰って参りました」

と、自身の御殿に伝えておいて、とても疲れて苦しそうな芝居を打った。迎えの人が大勢参上している中、玉の枝を長櫃《ながびつ》に入れて、覆いをして都へ運んだ。いつ聞いたのかは分からぬが、みな、

「くらもちの皇子は優曇華《うどんげ》（三千年に一度花を咲かせるという天竺《てんじく》の霊花）の花をもってもどられた」

と噂し合っていた。かぐや姫はこれを聞いて、

「私は皇子に負けてしまうにちがいない」

と、胸がつぶれてしまう思いだった。

そうこうしている間に門がたたかれ、

「くらもちの皇子がいらっしゃった」

と、皇子の従者が告げた。旅の服装のままでいらっしゃったということなので、竹取の翁が面談した。皇子は、

「命を捨てるほどの苦しみを味わいながら玉の枝を持ち帰りましたと伝え、かぐや姫にこれをお見せ下さい」

と述べ、翁はそれを持ってかぐや姫の元にきた。翁はかぐや姫に、

「あなたが皇子に申しつけた蓬莱の玉の枝を、ひとつも傷つけずに持っていらっしゃった。何をもって、反論できましょう。旅の姿で御自身の家に寄りもしないでいらっしゃったのです。早くこの皇子に、お仕え申し上げなさい」

と言う。かぐや姫は、ものも言わず、頬杖をついて、深く嘆かわしげにもの思いにふけっている。

くらもちの皇子は、

「もはや、あれこれおっしゃいますな」

と、ずかずかと縁側に這い上ってきた。翁は、

「おっしゃるとおりです。この国では見たことのない玉の枝ですぞ。今度ばかりは、お断りできますまい。お人柄もよい方です」

などと言っている。かぐや姫は、

「親が言うことを拒み続けるのもお気の毒なことと思い、あのように申しましたのに……」

と、言う。取ってくるのは困難だろうと思って言ったのに、こんなにあっさりことを成就してしまうとは、といまいましく思っている。翁は、もうすっかりその気になって、寝室の準備を始めている。

くらもちの皇子のひとり芝居

翁は皇子に、尋ねた。

「どのようなところに、この木は生えていたのでしょう。不思議なほど麗しく、すばらしいものですねえ」

皇子は答えて長話をはじめる。このあとしばらくは、くらもちの皇子の、ひとり芝居である。いかに玉の枝を得たのか、その苦労話が延々と続くので、省略する。

そしてこのあと、どんでん返しが待っていた。くらもちの皇子の長い苦労話の続きを掲げておく。

さて、そうこうしているうちに、男ども六人が庭にやってきた。ひとりの男が文挟《ふみばさ》みに手紙を挟んで訴えた。ちなみに、この男、「あやべ」を名乗るが、蘇我氏の懐刀だった「東漢氏《やまとのあやし》」の「あや氏」のグループに属する工人（部民）という設定だろう。

「内匠寮《たくみのつかさ》の工匠《たくみ》、あやべの内麻呂が申し上げます。玉の木を作り五穀を断ち、千余日の間力を尽くしましたこと、並大抵のことではなく、ところが、いまだに禄《ろく》（報酬、サラリー）を賜っていません。禄を賜り、弟子たちに配りたいのです」

竹取の翁は、

「さて、この工人たちは皇子に何を申し上げているのだろう」

と、首をかしげていぶかしむ。くらもちの皇子は、あっけにとられ、肝を冷やしている様子。これをかぐや姫は聞いて、

「この奉る手紙をとれ」

といい、手紙には、

「皇子の君は千日の間、いやしい（身分の低い）工匠らとともに同じ場所に潜み、立派な玉の枝を造らせ、官位も下さるとおっしゃいました。これをこの頃考えますに、玉の枝を要求されたのはかぐや姫と知り、お邸からいただきたく思います」

と、書いてある。工匠たちは、

「下さるべきです」

と訴える。かぐや姫はこれを聞き、日が暮れる中、皇子と契りを結ばねばならない

のかと思い悩んでいた心が一気に解放され、晴れ晴れと笑い、翁を呼んで、次のように告げた。

「本当に蓬萊の木かと思いました。そのようにあさましい虚言であるならば、早いところ玉の枝を返してしまいなさい」

翁は答える。

「たしかに、造らせたものと分かれば、返すのは、たやすいことです」

と、うなずいた。かぐや姫の胸の内は、晴れ晴れとして、先ほどの皇子の歌に、返事をした。

まことかと聞きて見つれば言の葉をかざれる玉の枝にぞありける

本物かと思っていましたが、言の葉で飾り立てたニセモノだったのですね……。こういって、玉の枝も返したのだった。

竹取の翁はくらもちの皇子と非常に親しくなったため、さすがに気まずくなって、眠っているような顔をして座っている。皇子はと言えば、決まりが悪く、立つのも座っているのも恥ずかしい。そして、日が暮れると、こっそり抜け出してしまわれた。

かの訴えた工匠をかぐや姫は呼びすえて、

「うれしい人びとであることよ」

と言い、褒美を多めに取らせた。工匠らはとても喜び、

「期待したとおりになった」

と言い、帰った。ところが、待ち伏せしていたくらもちの皇子は、工匠たちを血の流れるまで打ちのめし、せっかくもらったご褒美を取りあげ、捨てさせた。工匠たちは無一文になって逃げ失せてしまった。

くらもちの皇子は、

「一生の恥だ。これよりも恥ずかしいことはないだろう。女を得られなかっただけではなく、天下の人に醜態をさらしてしまった」

そう言って、深山の中に姿を消してしまった。宮司《みやづかさ》（皇子の館の執事）や家来たちは、手分けをして探したが、亡くなられてしまったのだろうかと疑いもしたが、見つからなかった。皇子は家来たちに姿を見せまいと、何年もの間、隠れていた。このために、「たまさかに」という言葉を使い始めるようになった……。

これが、くらもちの皇子の物語である。

高い位置に持ち上げられて転げ落ちた物部氏

『竹取物語』を何度も読み返して、そのたびに新たな発見があって、しかも悲しくなるのは、藤原氏が独裁権力を握るまでの間に、多くの罪なき人が殺められ、陰謀にはめられ、塗炭の苦しみを味わい、その上で、平安時代という「藤原氏だけが栄える世の中」が到来していたからだろう。すでに、平城京遷都（七一〇）の段階で、旧豪族の多くは蹴落とされ、藤原不比等が高笑いしていたのだ。

逆にかぐや姫に同情されていた貴公子も存在する。それが「いそのかみまろたり（石上麻呂）」なのだ。

「中納言いそのかみまろたり」が求められたのは燕の巣の中に入っている子安貝で、「いそのかみまろたり」は知恵者の力を借りて、籠の中に入り、つり上げられ、燕の巣に手をのばした。ところが、吊っていた綱が切れ、「いそのかみまろたり」は腰を強く打ち、これが原因で亡くなってしまった。

実在の石上麻呂は、平城京遷都の段階で、トップの左大臣に押しあげられていた。今風に言えば、総理大臣といったところか。

律令整備最大の功労者が物部氏で、古墳時代を通じて広大な土地と民を所有していた物部氏が、国に「富」を譲り渡すことによって、その他の豪族も従ったと考えられる。物部氏が抵抗すれば、その段階で中央集権化の道は閉ざされていたのだ。だからこそ、律令制度が完成するこの段階で、物部氏の氏上《うじのかみ》が、左大臣に適任だったのだ。また、ナンバー2の位置に、藤原不比等が立っていた。

問題は新益京《あらましのみやこ》（藤原宮《ふじわらのみや》）から平城京に都が移るとき、左大臣の石上麻呂が、なぜか旧都の留守役を命じられたのだ。これほどの屈辱的な人事は、聞いたことがない。石上麻呂は多くの建造物が移築されたあとの、廃墟のような古い都に捨てられたのである。

この「実在の石上麻呂」の話、『竹取物語』の話とそっくりだ。物語の中の「いそのかみまろたり」は、知恵者（藤原不比等を暗示している）の言うことを聞いて高い場所につり上げられ、かぐや姫の要求した子安貝が手に入るというところで、真っ逆さまに落ちてしまったという。高い位置（左大臣）まで登りつめた「いそのかみまろたり」が、藤原不比等の陰謀によって、排斥されたのである。だからこそ、かぐや姫は「あはれ」と語ったのだろう。

このように、『竹取物語』は明らかに藤原氏糾弾の書であり、藤原不比等をもっとも卑劣な男と断言したのである。だからこそ、『竹取物語』の作者は、藤原不比等のあこぎな手口を「くらもちの皇子」という「似ているがそっくりではない名」を用いて、登場させたのだろう。

『竹取物語』の目的は、藤原不比等の卑劣なやり方を後世に伝え、独裁権力を握り続ける藤原氏に対する批判の声を、物語に置き換えることによって、のちの時代に残そうとしたのだろう。

天の羽衣は重要な呪具

それだけではない。『竹取物語』は、もっと具体的な「隠された歴史を暴露する文書」でもあったように思えてならない。

たとえば「かぐや姫」という名や「羽衣」という「小道具」にも、大きな意味が隠されていた。

まず「羽衣」だが、天皇も大嘗祭で羽衣を着込み、その瞬間から聖なる存在に化ける。かぐや姫も、「羽衣を着たら人ではなくなる」「現世の記憶がなくなる」と言っている。羽衣は人が聖なる存在に変化し、空を飛び天上界に戻るための大切な呪具《じゅぐ》だった。

『丹後国風土記』逸文に、豊受大神《とようけのおおかみ》（女神）の説話が残り、ここで天の羽衣が大切な役割を果たしている。豊受大神は、伊勢外宮《げくう》の祭神だ。

丹後国丹波郡に比治《ひじ》の里（京丹後市）があり、比治山《ひじやま》の頂に井（泉）が湧き出ていた。真名井《まない》という。その井で天女八人が沐浴《もくよく》していた。老夫婦が密かにひとりの天女の衣装（羽衣）を盗んで隠した。七人の天女は衣装を着て天に飛んでいったが、一人取り残されてしまった。そして、老翁から「われわれには子がないので、ここに留まってほしい」と懇願され、やむなく従った。天女は病に効く酒を造り、老夫婦の家は富み栄えたが、増長した老夫婦は、「お前は私らの子ではない」と追い出してしまった。

天女は嘆き、去って行った。竹野郡《たかののこおり》の船木の里（京都府竹野郡弥栄《やさか》町）の奈具村《なぐのむら》に至り、「ようやく心は穏やかになりました」と言い、ここに住んだという。これが、豊宇《とよう》賀能売命《かのめのみこと》（以下「豊受大神」）だ……。

二点、興味深いことがある。まず第一に、豊受大神が棲みついた竹野郡は、迦具夜比売命の鎮座する竹野《たかの》神社のある場所だ。第二に、豊受大神の天の羽衣が、不思議な縁で『竹取物語』とつながってくる。

『万葉集』に残された持統《じとう》天皇の歌に、次の一首がある。

春過ぎて夏来《きた》るらし白栲《しろたへ》の衣《ころも》乾《ほ》したり天の香具山

春が過ぎて夏がやってきた。天香具山に白栲が干してある……。百人一首にも取り上げられた名歌とされている。しかし、天皇家がもっとも重視した霊山・天香具山に、なぜ洗濯物が干してあるのか、疑念をだれも抱かなかったのはなぜか。

歴史作家・梅澤《うめざわ》恵美子《えみこ》は、「これは羽衣伝承」と喝破している。「天女が沐浴している。天香具山に干されている羽衣を奪えば、天女は身動きが取れなくなる。今がチャンスだ」と、持統の歌の意味はこれだと推理した。ここに持統の目論見と『竹取物語』の裏側が見えてくる。少し長くなるが、説明をしておこう。

蘇我馬子はもうひとりの「浦島モドキ」？

蘇我氏全盛期の王家と政権は、「トヨ」の人脈で溢れかえっていた。蘇我氏と「トヨ」は、強く結ばれていたのだ。この「トヨ」は豊受大神の「トヨ」であり、神功皇后が多くの接点をもっていた海の女神「トヨ」でもある。そのトヨが邪馬台国《やまたいこく》の卑弥呼《ひみこ》の宗女《そうじょ》の「台与《とよ》」だったことは、他の拙著の中で詳述してある（『古代史の正体』新潮新書）。

蘇我系の用明《ようめい》天皇は「橘豊日天皇《たちばなのとよひのすめらみこと》」、同じく推古《すいこ》天皇は「豊御食炊屋姫《とよみけかしきやひめ》」で、しかも明日香の豊浦宮《とゆらのみや》で暮らしていた。聖徳太子は豊聡耳皇子《とよとみみのみこ》。蘇我入鹿も豊浦大臣《とゆらのおおおみ》と、みな「トヨ」の名を持ち、それはなぜかといえば、神功皇后が「トヨ（豊）の海の女神」と接点を持ち、神功皇后自身が「邪馬台国のトヨ」と呼ばれていたからだろう。

　そして、神功皇后の側近中の側近と言えば武内宿禰で、蘇我氏の祖にあたる。神功皇后の宮も穴門の「豊浦宮」で、明日香の豊浦宮の豊御食炊屋姫の側近が、蘇我馬子であり、蘇我馬子の別名は「嶋大臣《しまのおおおみ》」だから、蘇我馬子は「豊浦宮の嶋大臣」となる。蘇我馬子が「浦の嶋」に見えてしまうのはなぜだろう。蘇我馬子も、もうひとりの「浦島モドキ」ではあるまいか。

　それはともかく、持統はなぜ天の羽衣を歌にしたのだろう。『日本書紀』の記事を読んでいてもわからないが、持統は逆境にあったのではなかったか。

　持統天皇は夫・天武天皇亡きあと、息子の草壁皇子《くさかべのみこ》の即位を待ったが実現せず、二年と数ヶ月の後、草壁皇子は亡くなってしまった。『日本書紀』は草壁皇子が皇太子と言っているが、これはウソだろう。天武天皇を支えていたのは蘇我系豪族や親蘇我派の豪族たちで（拙著『蘇我氏の正体』）、彼らが草壁皇子の即位を許さなかった可能性が高い。

　なぜそのようなことを推理するかというと、『万葉集』が、石川郎女《いしかわのいらつめ》をめぐる草壁皇子と大津皇子《おおつのみこ》の恋の鞘当《さやあ》ての歌を載せていて、しかもそれが天武天皇崩御の直後という時系列で描かれている。石川郎女は草壁皇子を振り、大津皇子を選んでいる。『万葉集』の編者はここに大きなヒントを隠している。

石川郎女は、何度も『万葉集』に登場し、殿方に媚びを売り、最初はモテモテだったが、やがて相手にされなくなるというキャラだ。史学者や万葉学者の多くは、「石川郎女は複数いる」と言っている。活躍の時間が長いのだ。しかし、「石川郎女」は、蘇我氏の隠語と考えればよい。蘇我氏は奈良時代以降、「石川」を名乗っている。

親蘇我派の天武天皇亡きあと、皇后の鸕野娑羅羅《うののさらら》（持統天皇）は大津皇子に謀反の濡れ衣を着せて殺し、草壁皇子の即位を目論んだが、失敗している。天武天皇のバックにいた蘇我系豪族や親蘇我派の面々が、大津皇子を推していたからだろう。蘇我氏が選んだのは、大津皇子だったと『万葉集』編者は「石川郎女」という隠語を駆使して、暴露している。

岡宮の意味

『日本書紀』は、草壁皇子が亡くなったあと天武の皇后（正妃）だった鸕野讃良《うののさらら》皇女《のひめみこ》が即位したという。持統天皇の誕生だ。しかし、蘇我系豪族たちは、本当に持統天皇の即位を認めたのだろうか。

『扶桑略記』には、持統天皇が藤原不比等の私邸を宮にしていたとあるし、天武天皇崩御《ほうぎょ》からあと、草壁皇子と持統は、親蘇我派と袂《たもと》を分かち、孤立していた可能性が高い。と言うのも、二人がどこに暮らしていたか、『日本書紀』の記事からは、はっきりとわからず、その代わり、『続日本紀』は、草壁皇子が「岡宮御宇天皇《おかのみやにあめのしたしらしめししすめらみこと》」と称えられていたとうっかり記録してしまった。草壁皇子は明日香の中心部から東側の丘陵地帯に逼塞《ひっそく》していた可能性が出てくる。

「岡宮」は、現在の岡寺《おかでら》であり、明日香の平地からは、息を切らして登る急坂の先にある。岡寺は多武峰《とうのみね》の中腹にあり、多武峰は中大兄皇子（天智天皇）と中臣鎌足が蘇我入鹿暗殺の「密談」を行い、だから「談山《たんざん》」神社が祀られるようになった。つまりこの一帯は、反蘇我派のアジトで、岡寺の西側が石垣で囲まれている様子を見るにつけ、多武峰の最前線が岡宮だったと思いいたる。そしてここに草壁皇子が暮らしていた事実を『日本書紀』が秘匿していたとなると、ここにこれまで語られることのなかった歴史の真相が見えてくる気がする。

『日本書紀』に、白村江の戦い（六六三）の直前、明日香の東側は要塞化されたと記録されている。また、人びとは中大兄皇子と中臣鎌足が強行することになる朝鮮半島遠征に対し、「負けるに決まっている」と、非難していた。

『日本書紀』は中大兄皇子と中臣鎌足が古代史最大の英雄と称えるが、それは『日本書紀』編纂《へんさん》の中心に中臣鎌足の子の藤原不比等が立っていたからにほかならず、藤原不比等は父の業績を礼讃したかったのだ。そのためには蘇我入鹿や親蘇我派を悪人に仕立てる必要があったし、無理をして歴史を書き改めている。しかし、『日本書紀』をよく読めば、矛盾とほころびがそこかしこに見受けられる。

乙巳《いっし》の変《へん》（六四五）の蘇我入鹿暗殺後、中大兄皇子が即位できなかったのは、一般には「即位せずに自由に政局を動かし権力を握りたかったから」と考えられているが、皇極《こうぎょく》天皇が弟に譲位したあと、孝徳《こうとく》天皇の下《もと》で、中大兄皇子と中臣鎌足の活躍は、ほぼない。逆に、孝徳天皇は蘇我入鹿の政策を継承し、親蘇我派の人脈を取り立てている。中大兄皇子と中臣鎌足は要人暗殺をくり返し、孝徳天皇の外交戦に横槍を入れ、孝徳天皇は思い通りに行かないことを嘆き、悲惨な晩年を送っている。

中大兄皇子と中臣鎌足が主導権を握りはじめたのは孝徳天皇の崩御のあとで、中大兄皇子は本来親蘇我派だった母を担ぎ上げた。皇極天皇が重祚《ちょうそ》（一度即位した天皇がいったん譲位し、のちにふたたび即位することをいう）して斉明《さいめい》天皇に立つと、なかば母親を人質のように利用し、反発する蘇我氏や親蘇我派を牽制した（拙著『皇極女帝と飛鳥・二つの寺の謎』河出書房新社）。

中大兄皇子と中臣鎌足の目的は『日本書紀』が言うような王家の復興と改革事業の推進ではなく、滅亡の危機が迫った百済を救援することで、全方位外交を目指した親蘇我派とは折り合いがつかなかっただけの話だ。また中大兄皇子は、蘇我氏に推されていた大海人皇子（天武天皇）に嫉妬していたのだ。

もちろん、中大兄皇子や中臣鎌足は当時反主流派だったが、人質作戦が功を奏して、遠征軍を派遣することに成功する。このとき、斉明天皇が北部九州に親征し、多くの女人たちが同行したのは、捕らわれていたからだ。明日香に残った親蘇我派の皇族や皇族たちが蜂起すれば、中大兄皇子や中臣鎌足の目論見は、一気に潰《つい》え、遠征どころではなくなる。斉明天皇が補給基地のある沿岸部からかなり奥まった朝倉橘広庭《あさくらのたちばなのひろにわの》宮《みや》（福岡県朝倉市）に滞在したのは、人質として捕らわれていたからだ。

持統天皇の目論み

斉明天皇の話に固執したのは、岡宮に草壁皇子が逼塞していたこと、親蘇我派の支持を得ることなく亡くなり、そのあとを受けて鸕野讃良皇女が即位したと『日本書紀』は言うが、実際には、「自称天皇」だった可能性を疑っているからだ。

持統天皇は在位中、非常識な回数の吉野行幸《ぎょうこう》を行っている。ほとんど政務をほったらかしていた。持統女帝は、夫との思い出の地である吉野を懐かしんでいたとか、信仰のために吉野に通ったとする説もあるが、この時代、律令制度を完成させるために、皇親政治が採用され、天皇を中心にした皇族だけで政務を取りしきる体制が確立していた。豪族層から土地と民を取り上げ、農地を民に分配し、旧豪族には役職とサラリーを与える体制を整える準備段階にあったが、豪族たちの利害がからむことを避けて、瞬間的に王家の独裁体制を、みなでうなずき合って許したのだ。それは、親蘇我派の大海人皇子が、天智天皇の子の大友《おおともの》皇子《みこ》を倒し（壬申の乱）、親蘇我派が望んでいた政権が復活したからで、天武天皇の時代、一気に改革事業は進捗したが、それでも完成せず、宿題が残った。ここで、鸕野讃良皇女が権力欲に駆られ、大津皇子を殺し、子の草壁を即位させようとしたことによって、歯車が狂った。そんな中、なぜ「即位した持統天皇が実務をほったらかしたのか」という謎が生まれる。

持統天皇は太政大臣に高市皇子《たけちのみこ》（天武の長子）を指名していた。実務は高市皇子に任せ、自身は吉野行幸に明け暮れていたということか。もしこれが本当のことならば、ひとつの仮説は挙げられる。すなわち、律令整備と新益京の造営を高市皇子に委ね、実権を与え、天皇は祭祀に専念するという、ふたりの間に密約が交わされ、さらに、律令と新都が完成したあかつきには、高市皇子が即位する段取りがあったのではなかったか。

なぜこのような推理を働かせるかというと、『日本書紀』にヒントが隠されている。持統十年（六九六）七月十日に高市皇子は急死するが、『日本書紀』は「後皇子尊《のちのみこのみこと》薨《みう》せましぬ」と記し、だれが死んだのか、はっきりとわからない。また、この直後、皇太子を決めるための会議が開かれたが（『懐風藻《かいふうそう》』）、この事実を『日本書紀』は無視する。その上で、皇太子の身の回りの世話をする役人が決まったことを記録している。

高市皇子の死とほぼ同時に皇位継承問題が浮上したというところに、きな臭さを感じずにはいられない。高市皇子は密殺され、しかも、彼は皇太子だったのではないかと疑われる。律令と新益京の整備が最終段階に漕ぎつけたからこそ、高市皇子は邪魔になったのではなかったか。高市皇子が亡くなったあと、新益京遷都が行われ、大宝《たいほう》律令《りつりょう》（七〇一）は完成している。

さらに問題なのは、持統天皇が例の天香具山の歌を詠ったのが、まさにこのときだったところにある。

「春が過ぎ夏がやってきて、羽衣が天香具山に干してある。あれを奪えば、トヨの王家（親蘇我政権）は倒せる。チャンスがやってきたのだ」

これが、持統天皇の本当に言いたかったことだろう。そして、『竹取物語』の中でかぐや姫は天の羽衣を身にまとうことで人ではなくなり、天界に戻っていくことができたのだった。そして持統天皇は、天の羽衣を奪って、トヨの王家（親蘇我派の王家）の息の根を止めようと考えたのだろう。

藤原不比等に利用されて嫌気がさしていた元明

持統天皇の「孫を即位させたい」という執念は実ったが、それは藤原不比等を利することにつながっていく。『竹取物語』の時代背景がまさにこれで、藤原不比等は持統や文武天皇を「踏み台」にして出世階段を上り、他の勢力を排除しようとしていた。先述した石上麻呂を捨てたのは、まさにこのときだ。

藤原不比等は、女神・天照大神の孫が地上界を支配するという神話を提示したが、持統天皇の諡号《しごう》は高天原《たかまのはら》広野姫《ひろのひめ》天皇《すめらみこと》で、天照大神を意識しているだけでなく、持統が孫の軽皇子《かるのみこ》（文武天皇）に譲位したところで筆を擱《お》いている。つまり、『日本書紀』全体が神話そのものであり、新しい世の中は持統天皇（天照大神でもある）が女神のような存在となったことによって、生み出されたわけである。

ただし、このような図式は、藤原氏がこの世を支配するために描いた方便であり、王家は藤原氏が権力を握るための道具にすぎなくなっていく。

文武天皇の治政下の大宝二年（七〇二）、ヤマトタケルの陵墓は鳴動し、持統太上天皇は震え上がって関東行幸を敢行した。このあと、天候不順で民は飢えに苦しみ、疫病が蔓延した。不満は蓄積し、山火事や盗賊が朝廷を苦しめた。

このとき、持統は最晩年で、命がけで関東行幸を敢行している。なぜ、ヤマトタケルが恐ろしかったのかと言えば、東海の祟りが、まだ、生々しい民族の記憶に残っていたからだろうし、持統は東海勢力を味方につけて壬申の乱を制した天武天皇を裏切り、尾張氏に恨まれていた。

ちなみに、藤原不比等の野望はこれで成就したわけではない。数々のアクシデントが襲ってくる。まず、慶雲《けいうん》四年（七〇七）六月には文武天皇が二十五歳の若さで崩御した。藤原不比等の目論見は、娘を文武天皇に嫁がせ、生まれ落ちた首皇子《おびとのみこ》を次の天皇に担ぎ上げ、藤原氏が外戚の地位を固めることにあったが、首皇子はまだ幼かった（かぞえで七歳）。そこで、持統の妹で文武の母を玉座に押しあげた。それが、元明《げんめい》天皇だが、文武も元明も、藤原不比等に利用されていることに、嫌気がさしていた気配がある。

『万葉集』に、興味深い歌が残されている。和銅元年（七〇八）の、（元明）天皇の御《おおみ》製《うた》だ。

ますらをの鞆《とも》の音すなりもののふの大臣（物部乃大臣）楯《たて》立《た》つらしも（巻一—七六）

岩波書店の『日本古典文学大系　萬葉集　一』は、次のように訳している。

「勇士が弓を射て鞆《とも》に弦《ゆみづる》のあたる音が聞こえてくる。将軍が楯を立てて調練をしているらしい」

大嘗祭の儀礼の最中、元明天皇が怯えているようだ。小学館の『日本古典文学全集2　萬葉集　一』の頭註には「東国警備のための兵士の訓練、衛府の警衛のための試射などの諸説があるが、疑わしい」とある。軍事演習をしているらしい。恐ろしいことだ、と言う。こちらが正解だと思う。朝廷の兵士が演習をして、そのどこが恐ろしいのか。

原文には「もののふの大臣」は物部乃大臣とあり、石上麻呂（右大臣）の抗議の様子を想像したくなる。

元明は卓袱台返しをしたかった？

ちなみに、平城京遷都はこの二年後で、すでに述べたように、石上麻呂は旧都に捨てられている。元明天皇を無理矢理即位させたことに、石上麻呂は怒っていたのだろう。

即位儀礼に際し、物部の長が楯を立てる習慣があった。この時、石上麻呂は、儀礼から閉め出され、だから、元明の見えないところで弓を鳴らしていたのではないか。そう思えるのは、元明天皇の件の歌を受けた、御名部皇女《みなべのひめみこ》の次の歌があるからだ。元明天皇の姉で、高市皇子の妃だった方だ。

御名部皇女の和《こた》へ奉《まつ》る御歌《みうた》
わが大君《おほきみ》物な思ほし皇神《すめかみ》のつぎて賜へるわれ無けなくに（巻一—七七）

「岩波本」は、「心配なさいますな。皇祖神が大君に副えて生命を賜わった私がおりますのですから」と訳している。これだと、ただ単に、「私がついているからだいじょうぶ」と聞こえる。これに対し［小学館本］は、先祖の神々から後継ぎを賜っている私がおります……と訳した。これも、小学館本に軍配を上げたい。こちらの方が自然なのだ。と言うのも、この時点で御名部皇女の夫・高市皇子は亡くなっていたが、御名部皇女との間に生まれた長屋王《ながやのおおきみ》とその家族のほとんどが、有力な皇位継承候補だった可能性が高く、「あなたが即位しても、藤原不比等のいいなりにはならないで済みます。石上麻呂も、わかってくれるでしょう」と言っていることになる。［岩波本］のように、「私がいるではありませんか」では、元明の恐怖心を慰めることはできない。

ただし、長屋王は反藤原派の旗印になり、有力な皇位継承候補だったからこそ、藤原不比等亡きあと、藤原不比等の四人の子（武智麻呂《むちまろ》、房前《ふささき》、宇合《うまかい》、麻呂）の陰謀によって、冤罪で一家滅亡に追い込まれている（長屋王に嫁いだ藤原系の女性とその子だけ助かった）。ただし、元明と御名部皇女が交わした歌は、この悲劇が起きる前のことだ。

いずれにせよ、元明即位に石上麻呂は反発していた可能性は高く、元明天皇が脅えていたことは間違いない。

『万葉集』巻一―七八の次の歌が興味深い。

飛ぶ鳥の　明日香の里を　置きて去《い》なば　君があたりは　見えずかもあらむ

明日香の古京を捨てていったら、あなたのあたりは、見えなくなりはしまいか

作者ははっきりしないが、題詞には、「ある本には、元明天皇の歌だと」とある。『万葉集』編者は、「作者はわからなくとも、この歌は元明天皇の気持ちを表している」と、主張したかったのだろう。何しろ、遷都の最高責任者の元明が「ああ、古京の飛鳥を捨ててしまって良いのか」と疑問を呈している状況こそ、不自然きわまりなく、それをあえて「元明天皇の歌ではなかろうか」ととぼけてみせたところに、話の妙がある。

元明天皇は、率先して平城京遷都を行ったわけではなさそうだ。また、明日香に残してきてしまったのは、子の文武の面影だったかもしれない。

時間は少しさかのぼる。元明即位前紀（『続日本紀』）に、次の記事がある。

去年の十一月、わが王、わが子（文武）は、体の不調を訴え、「いとまをもらい、病気を治したい。王位を譲りたい」とおっしゃった。けれども私は、「その任に堪えられません」とお答えした。そうこうしているうちに、何度も何度もお譲りになられるので、お気の毒になり、恐れ多く、今年の六月に、命令を受け入れると申し上げた（直後に崩御）

息子の苦しむ姿に、元明は何を思ったのだろう。そして、のちに元明天皇は娘に譲位し元正《げんしょう》天皇が誕生するが、そのときの元明天皇の譲位の詔《みことのり》が強烈なので、記しておく（『続日本紀』）。

諸々の政務に携わり心を痛め労すること九年。体は衰え、美しさは消え失せ、年老いて政務にうんざりし、深く静かで安らかな境地を追い求め、風や雲のようにとらわれず（自由がほしい）、さまざまな世俗のわずらわしさを忘れ、草履を脱ぎ捨てるように、皇位を譲りたい。

こんな詔は前代未聞だ。「もうやってられない」と、卓袱台返《ちゃぶだいがえ》しをするのではないかという勢いではないか。

『竹取物語』は悲しい物語

在位中に何が起きていたのだろう。ひとつ考えられるのは、石川刀子娘《いしかわのとねのいらつめ》貶黜《へんちゅつ》事件であろう。文武天皇には石川刀子娘、紀竈門娘《きのかまどのいらつめ》、藤原宮子《ふじわらのみやこ》といったキサキが存在したが、その中で、蘇我系の石川刀子娘が、もっとも血筋が良く、藤原不比等の娘の藤原宮子は低い立場にあった。和銅六年（七一三）、突然、石川刀子娘と紀竈門娘のふたりが、「嬪（キサキ）」を名乗ることができなくなった。これを貶黜という。

貶黜とは官位を下げ、斥けること。このとき、すでに文武天皇は亡くなっているが、ふたりの嬪は、嬪を名乗れなくなった。

一般には、近親者の謀反、密通、厭魅呪詛《えんみじゅそ》があったとき、貶黜になることがあるが、『続日本紀』は、ふたりの女性がどのような罪を犯したのか、真相をあきらかにしていない。冤罪であろう。

問題は、石川刀子娘に子どもがいたのに、『続日本紀』が記録していないことだ。石川刀子娘が嬪を名乗れなくなったということは、蘇我系の有力皇子が、皇位継承争いから脱落したことを意味している。宮子の子の首《おびと》皇子の立太子《りったいし》を画策していた藤原不比等の仕業だろう。そして、これに荷担したのが元明天皇である。

元明天皇は積極的に藤原不比等を後押ししたわけではなく、藤原不比等の「子どもだましのようなでっちあげ事件」を黙認し、貶黜の裁断をせざるを得なかったのだろう。そういう積み重ねに、嫌気がさしたに違いないのだ。

この事件によって、蘇我氏は外戚の地位を追われ、藤原氏の時代が到来する。長い間守られてきた「ひとつの氏からひとつの議政官《ぎじょうかん》」という合議制の不文律を、藤原氏は踏みにじり、台頭してくる政敵は、ことごとく蹴落とし抹殺していったのだ。藤原氏に逆らう者は、皇族といえども容赦なかった。

その藤原氏の繁栄の基礎を築いたのが藤原不比等で、その豪腕ぶりを間近で見ていたのが元明天皇だった。そして、成り行き上、元明天皇は藤原不比等の片棒を担ぐ羽目に陥ったわけである。卓袱台返しもしたくなろうというものだ。

そして、『竹取物語』の時代背景は、まさに藤原不比等の暗躍し、多くの高貴な女人たちが藤原不比等に利用された時代でもあった。「穢き世」は、藤原不比等がのし上がっていく時代であり、平安時代の藤原氏だけが高笑いする世の中を指していたのだろう。

かぐや姫から不死の薬をもらい受けたミカドが、「かぐや姫のいない世の中で不死の薬などいらない」と嘆いてみせたのは、「天皇」でさえ、藤原氏の道具にすぎなかったことを、雄弁に物語っていると思う。『竹取物語』は、実に悲しい物語なのである。

そして、『竹取物語』の中に、ヤマト建国から平安時代に至る「藤原氏に消された真実の歴史のエッセンス」が詰め込まれていることに、改めて驚かされるのだ。

おわりに

大切なことを言い忘れていた。

神武天皇が行った天香具山の祭祀を、なぜ住吉大社は畝傍山に切り替えて続けたのか、である。結論を先に言ってしまうと、天香具山祭祀を、藤原氏に奪われてしまったようなのだ。だからこそ、住吉大社は意地になって祭祀を畝傍山で継承した……。

藤原氏は奈良時代に独裁権力を握ると、尾張氏の武甕槌神《たけみかづちのかみ》と物部氏の経津主神《ふつぬしのかみ》を我が物にしてしまった。鹿島《かしま》神宮（茨城県鹿嶋市）と香取《かとり》神宮（千葉県香取市）で祀られていた神々を、無理矢理春日《かすが》大社に勧請したのだ。『日本書紀』は中臣（藤原）氏の祖を天児屋命と言っているのに、突然藤原氏は「鹿島と香取の武甕槌神と経津主神」をあたかも自家の神のようにして祀りだした。由緒正しい神様を簒奪したわけだ。

それだけではない。権力を独占した藤原氏は、王家にとって大切だった天香具山の祭祀をも奪ったようだ。そこで住吉大社は、畝傍山（橿原市）に祭祀の場を移した。

畝傍山はヤマト建国の地で、神武天皇を思い浮かべる。柿本人麻呂も、『万葉集』の中で、「日本の最初の地」と詠《うた》っている。ただこの一帯が、蘇我氏、大伴氏、斎部（忌部）氏と結ばれていたことは、あまり注目されてこなかった。周囲は蘇我氏の密集地帯で、さらに、斎部氏や大伴氏らが寄り添っていた。

池田源太《いけだげんた》は「畝傍山は蘇我・大伴・忌部の三氏連合勢力の中心的な山であることが考えられる」（『大和三山』学生社）と述べている。彼らは藤原氏に徹底的にやられた者たちであり、天香具山の祭祀を藤原氏に奪われたあと、畝傍山から葛城、吉野にかけてのアウトサイダーのアジトとネットワークを構築していったのではなかったか。

そう考えると、おとぎ話の多くの原点が、「藤原氏に敗れた者たちの恨みつらみ」にあり、また、そのシンボル的な山がヤマトの畝傍山だったこと、住吉大社が敗者の最後の砦ともいえる畝傍山で祭祀を執り行い、その執念の祭祀が今なお続いている事実は、奇跡的な事件と言っても過言ではないと思うのである。

昔は気にならなかった畝傍山が、最近妙に勇壮に思えるようになってきたのは、気のせいではないようだ。

なお、今回の執筆にあたり、笠間書院編集本部長の吉田浩行氏、歴史作家の梅澤恵美子氏に御尽力いただきました。改めて、お礼申し上げます。

合掌

関 裕二
（せき・ゆうじ）

1959年、千葉県柏市生まれ。歴史作家、武蔵野学院大学日本総合研究所スペシャルアカデミックフェロー。仏教美術に魅了され奈良に通いつめ、独学で古代史を学ぶ。以後、古代をテーマに精力的に執筆活動を行っている。著書に『藤原氏の正体』、『蘇我氏の正体』、『神武天皇vs.卑弥呼』、『ヤマトタケルの正体』など多数。

おとぎ話と神話に隠された

古代史の真実

2024年5月5日　初版第１刷発行

著　者 ―――――― 関 裕二

発行者 ―――――― 池田圭子

発行所 ―――――― 笠間書院

〒101-0064　東京都千代田区神田猿楽町2-2-3
電話 03-3295-1331　FAX 03-3294-0996

イラスト ―――――― 株式会社アフロ

装幀・デザイン・DTP ―― 静野あゆみ（Harilon design）

印刷・製本 ―――――― 今井印刷株式会社

ISBN978-4-305-71012-3